Mark Maker

VERUS FACIEM

Herrenliteratur

RAUPENSCHLAG

Die Deutsche Nationalbibliothek
verzeichnet diese Publikation in der
Deutschen Nationalbibliografie; detaillierte
bibliografische Daten sind im Internet über
http://dnb.dnb.de abrufbar.

© 2014 Mark Maker
1. Auflage

Herstellung und Verlag:
BoD – Books on Demand, Norderstedt

ISBN: 978-3-7386-0723-9

Danksagung

An alle Frauen, die mich zu diesem Buch inspiriert haben.

Einleitung

Männer brauchen keine langen Geschichten. Männer wollen Sex. Nicht den Sex mit der eigenen Frau. Es geht um den Sex mit der Nachbarin. Der Arbeitskollegin. Sex mit der besten Freundin. Davon handelt dieses Buch. Herrengeschichten.

Unehrlich. Unromantisch. Aber mit Stil.

Inhalt

Das erste Mal 7

Die Unbekannte 12

Der Tampon 13

Die Kündigung 18

Der Melonenmann 19

Die Lehrerversammlung 26

Das Bauordnungsamt 27

Der Badetag 29

Die Eiskunstläuferin 30

Das Bewerbungsgespräch 33

Die Weihnachtsfeier 40

Das Experiment 41

Das Fenster 42

Das Gefängnis 43

Der Chirurg 45

Das Gespräch 49

Das Kreuzverhör 50

Die Nachricht 65

Der Bordellbesuch 66

Der Campingausflug 67

Der Dorfdepp 69

Der Hochstapler 80

Der Künstler 82

Die Kassiererin 83

Der Arzt 85

Der Sexshop 91

Der Slip 92

Der Taxifahrer 104

Der Vampir 105

Die Beichte 106

Die Feier 107

Die geteilte Frau 110

Der Speckmann 117

Die Mutter 118

Die Penishose 119

Die Sachbearbeiterin 125

Der Callboy 129

Die Schlampe 131

Die Schwangerschaft 133

Der Trinker 138

Das Mitarbeitergespräch 139

Das Piercing 147

Das Milchmädchen 152

Die Schwester 154

Die Vernehmung 158

Der Abschiedsbrief 165

Der letzte Akt 168

Gastbeitrag 174

Das erste Mal

Man kann mit ruhigem Gewissen behaupten, dass die beiden tatsächlich verliebt waren. Er bemühte sich seit Monaten rührend um sie, sie ließ sich darauf ein und man verabredete sich öfters, als man es von normalen Freunden gewohnt wäre.

Vor den vielen Treffen, die die beiden vor diesem Abend hatten, bereitete er sich immer akribisch darauf vor, dass das passieren könnte, wonach er sich so sehr sehnte. So wusch er sich ausgiebiger als sonst den Schwanz, rasierte seine Eier, aber niemals die komplette Scham, denn er erinnerte sich, dass sie es nicht mochte, wenn Männer, wie kleine Jungs aussahen. Die Achselhaare stutzte er sich, ließ aber immer einen Flaum stehen, den er mit teurem Parfüm bestäubte.

An dem Abend, an dem es passieren sollte, waren beide gemeinsam auf einer Feierlichkeit und sie lud ihn danach auf ihr Zimmer ein. Dass die Sache arrangiert war, erkannte er daran, dass ihr Zimmer viel aufgeräumter war als sonst und sie die Kerzen anzündete, die er in der Vergangenheit nur als Dekoration wahrgenommen hatte.

Als sie nackt vor ihm auf dem Bett lag, erinnerte er sich an die Techniken, die er seit geraumer Zeit trainiert hatte und ihn davor bewahren sollten, zu früh in ihr zu ejakulieren. Da sie auf dem Rücken lag und die Beine öffnete, sollte ihn nichts erwarten, woran er nicht schon gedacht oder von dem er überrascht wäre.

Er küsste sie aber sofort in der Scham, was er gleich bereute, hatte er sich doch vorgestellt, ihren Mund, Hals, Achseln, Bauch und Schenkelinnenseiten zu liebkosen. Da eine Umkehr, das heißt Neubeginn des ursprünglichen Planes, unrealistisch erschien, er auch schon von dem Geschmack ihrer Vagina und zarten

Seufzern erregt war, wollte er seinen Penis ohne weitere Überlegungen in sie reinstecken und mit dem eigentlichen Akt beginnen. Zwar fand er es schade, dass sie ihm nicht vorher den Schwanz geblasen hatte und er im Vorfeld so sehr Acht darauf gegeben hatte, dass dieser vorzüglich roch und sehr gepflegt herüberkommen musste, schwächte den Gedanken aber damit ab, dass auch ihre Vagina ein wenig nach der Creme schmeckte, die sie täglich im Gesicht trug und alles seine Richtigkeit hatte.

Beim Eindringen stellte er fest, dass die Fotze viel fester und enger war, als er es von seinen Socken gewohnt war. Er stand daher vor dem Problem, dass er bereits beim ersten Eindringen das Gefühl verspürte, sein Sperma in ihr zu verteilen. Er wusste, dass das zu frühe Ejakulieren ihr missfallen könnte und er mindestens, so hatte er es jedenfalls gelesen, 10-15 harte Stöße bringen musste. Schon beim zweiten Stoß holte er tief Luft und war sich nicht sicher, dass er es auch ein drittes Mal schaffen würde. Er dachte daher an die gelernten Techniken und stellte sich vor, statt sie, ihre Mutter zu beglücken. Der dritte Stoß hatte dann aber zur Folge, dass er spürte, es nicht mehr halten zu können und, um den vorzeitigen Erguss zu vermeiden, den Penis aus ihrer Vagina zog, um innezuhalten und dann, nach kurzer Pause, weiter zu machen und es am Ende auf eine zweistellige Anzahl von Stößen zu bringen.

Während er den Schwanz aus ihrer Muschi zog und diesen über ihren Bauch hielt, war er sich noch sicher, die richtige Entscheidung getroffen zu haben.

Womit er allerdings nicht gerechnet hatte, war der Umstand, dass er nun seinen erigierten, mit ihrem Saft bedeckten Penis, die leicht angefickte Fotze, ihr hübsches Gesicht und die dicken Brüste zeitgleich in seinem vor Geilheit durchtränktem Blickfeld hatte. Obwohl er sich heftig dagegen wehrte, gab sein Schwanz den Befehl abzuspritzen, er zwickte sich noch kurz mit den Fingern in die Hüfte, aber ohne Erfolg.

So wichste er, den Schwanz aufrecht stehend, in Höhe ihres Bauches ab und traf, ohne dass er daran gedacht oder darauf gezielt hätte, mit dem ersten Strahl ihre Stirn und Haaransatz, er konnte deutlich erkennen, dass der zweite und dritte Schub Nase und Augen streifte, der vierte Spritzer in ihrem Mund landete, selbst der fünfte, sechste und siebente Schuss noch Hals und Brust erreichte, während die übrigen Spritzer eher lieblos auf ihren Bauch und in den Nabel kleckerten. Das Mädchen schrie entsetzt auf, wischte sich hastig sein Sperma von Gesicht und Körper, begann zu weinen und drehte sich schluchzend von ihm ab.

Nachdem er ihr später in der Nacht sein Malheur erklärte und sie dies auch verzieh, war er sich im Nachhinein sicher, dass der Vorfall nicht geschadet hatte und sie sich schon an das gewöhnen konnte, was er in der Folge noch mit ihr anstellen sollte.

Die Unbekannte

„Scheiße, wer bist du denn?", fragte er verkatert die Frau, die am Morgen beim Aufwachen vor ihm auf dem Bett saß. „PIN!", antwortete sie mit starkem russischen Akzent und hielt ihm ein mobiles Kartenlesegerät vor das Gesicht.

Der Tampon

Es gibt Dinge, die tut man nicht. Das wusste auch er.

Aber er saß nun schon einige Minuten auf dem Klo und starrte auf den geöffneten Deckel des Damenhygieneeimers, in dem zweifelsohne, ganz oben, ein in Klopapier eingewickelter Tampon lag.

Die Fakten zu dem Vorfall ermittelte er wie folgt:

Das Damenklo in seiner Abteilung wurde renoviert, sodass das Herrenklo für wenige Tage gemeinsam genutzt wurde. In seiner Abteilung arbeiteten 4 Personen. 2 Männer (ihn eingeschlossen) und 2 Frauen. Von den beiden Frauen war eine geil, die andere hässlich. Er wog ab. Er wusste, dass die Geile von beiden zuletzt auf dem Klo war (er hat ihr auf dem Weg dahin auf den Arsch geschaut). Es war daher nicht unwahrscheinlich, dass die Geile den Tampon in den Eimer gelegt hatte. Die Hässliche von beiden war sehr korrekt und es war ihr definitiv zuzutrauen, dass sie nach dem Ablegen eines Tampons im Eimer, diesen auch wieder ordnungsgemäß schloss, erst recht, wenn man sich das Klo mit den Männern der Abteilung kurzzeitig teilte. Die Geile allerdings, die ihren Job einzig noch der Tatsache verdankte, extrem geil zu sein, war schluderig, vergesslich, unpünktlich und chaotisch. Auch schätzte er die Art, wie der Tampon im Toilettenpapier eingewickelt war, als unstrukturierten, hastigen Akt ein. Wenn er hingegen die Hässliche bei der Arbeit beobachtete, war diese sehr akribisch, fast penibel. Wenn sie den Locher oder Tacker benutzte, vergewisserte sie sich vorher mehrmals, das Papier im richtigen Winkel einzulegen. Eselsohren kamen in ihren Akten praktisch nicht vor. Und dann so ein würdeloser Umgang mit einem derart heiklen Artikel? Nein, das passte nicht zu ihr. Der Tampon musste daher von der Geilen sein.

Aber was würde ihn nach dem Entpacken des Tampons erwarten? Ekliges, stinkendes Blut? Von seiner Frau wusste er, dass er nicht sehen wollte, was bei ihr da unten raus kam. Da das Toilettenpapier aber überhaupt nicht unangenehm verfärbt war, konnte nur wenig, oder gar kein Blut daran kleben. Der Tampon musste daher in einer Phase benutzt worden sein, wo die Periode fast vollständig abgeklungen war. Wenn nun aber die schlimmen Tage vorübergegangen waren, konnten eigentlich nur noch solche Dinge daran haften, die er als angenehm empfand. So hatte er sich schon oft auf dem Klo, auf dem er gerade saß, gewichst, und sich dabei vorgestellt, wie er die Geile leckt und die Nase in sie hineinsteckt. Manchmal, nach Büroschluss, hatte er auch schon mit dem Gedanken gespielt, an ihrem Bürostuhl zu riechen, nur in der Hoffnung, etwas von ihrem Geruch mit nach Hause zu nehmen, diese Idee aber regelmäßig verworfen hat, da sie, was er wusste, immer Slips unter dem Rock trug und ein brauchbares Ergebnis, nicht ernsthaft zu erwarten war.

Und die Ethik? Die Moral? Kommt es nicht einer Schändung gleich, einer Frau, ungefragt, und ohne deren Einwilligung einzuholen, in ihren Intimbereich einzudringen? Was würde sein Kollege tun?

Er würde daran riechen. Da war er sich sicher. Die Entscheidung war gefallen.

Mit zitternder Hand griff er in den Eimer, holte den Tampon heraus, wickelte ihn ganz vorsichtig aus dem Toilettenpapier, da er vermeiden wollte, dass das Papier an dem Tampon kleben blieb. Zunächst hielt er den entblößten Tampon an seinem blauen Faden und bemerkte, dass er recht damit hatte, dass kein Blut daran klebte. Einzig ein gelblicher Ausfluss schien den Tampon unregelmäßig zu umhüllen. Dann legte er den Tampon mit der linken Hand, an dem er die Strippe hielt, in seine Rechte und bildete sich beim Berühren ein, dass der Tampon noch warm war, was ihn noch mehr in seiner Vermutung bestärkte, dass die Geile von beiden, die die Toilette zuletzt benutzt hatte, es dorthin gelegt hatte. Ganz langsam führte er den Tampon von seiner Hand zur Nase, holte einmal tief Luft, und roch daran.

Ein Würgereiz überkam ihn sofort, den er nicht in Ansätzen aufhalten konnte, sodass er sich sofort übergab. Weil er noch auf dem Klo saß, kotzte er zwischen seine Beine, nicht wenig davon landete auf seiner Hose, den Boxershorts, der Klobrille und auf dem Boden.

Er meldete sich krank und war froh, als er genesen war, dass die Damentoilette wieder in Betrieb war.

Die Kündigung

Nachdem er vor der Kantinenfrau, auf die Frage, ob es denn geschmeckt habe, seinen Penis entblößte und deshalb entlassen wurde, schrieb er eine E-Mail an die gesamte Belegschaft, fügte in den Betreff „Entschuldigung" und in den Anhang der Mail ein Foto von seinem erigierten Penis ein.

Bevor der Vorfall der Geschäftsstelle gemeldet wurde, öffneten 7 Damen die Mail nebst Bilddatei. Nachdem alle Frauen vor dem Betrachten des Anhanges der Mail gewarnt wurden, öffneten die übrigen 112 weiblichen Angestellten den Anhang.

Der Melonenmann

"Hör doch bitte mal auf, dem Typen die ganze Zeit auf den Schwanz zu starren!", plärrte er zu seiner Frau am karibischen Urlaubsstrand. "Mache ich überhaupt nicht", erwiderte sie.

„Natürlich", dachte er sich. Jedes Mal wenn der Melonenmann vorbei kommt, setzte sie sich ihre Brille auf, in der Hoffnung, dass er nicht merkte, wie sie den großen schwarzen Mann durch die gespiegelten Gläser begutachtete. Die Brille trug sie sonst nämlich nie, wegen der weißen Ränder im Gesicht. Und jetzt starrte sie die ganze Zeit auf den fetten afrikanisch-karibischen Schwanz in der viel zu engen Badehose. Zuhause wollte sie die schwarze Putzfrau nicht, weil die angeblich „komisch gerochen hat". Natürlich wusste er auch, dass sie schon seit Jahren einen riesengroßen Dildo im

Hauswirtschaftsraum versteckt hielt. Dieser Dildo war aber nicht einer von diesen normalen Spielzeugen für die gelangweilte Durchschnittsvierzigerin, hier handelte es sich um ein mindestens 30 cm langes Ungeheuer mit dem Durchmesser eines gut trainierten Unterschenkels. Und weil sie sich mit Technik nicht auskannte, wusste er auch, welche Pornoseiten sie im Internet regelmäßig besuchte. Da wurde sogar ihm flau im Magen. Er hingegen wichste nur ab und zu mal auf seine Arbeitskolleginnen ab, im Büro auf dem Klo, in der Mittagspause. Da war er ganz pragmatisch.

Er beschloss, mit dem Melonenmann ein ernsthaftes Gespräch unter Männern zu führen und zog diesen am Cocktailstand (wo er sich während seiner langen Pausen aufhielt) beiseite und sagte ruhig:

"Hey du. Willst Du meine Frau mal ficken?"

„Was?" - erwiderte der Schwarze verwundert, aber interessiert und in passabler Fremdsprache.

„Meine Alte, die da hinten" (er zeigte mit dem Finger auf seine Frau, die den beiden auf gut 50 Meter am Strand den Rücken zugedreht hatte), „willst Du die mal ficken?"

„Die Frau mit den dicken Brüsten und langen, blonden Haaren? Natürlich würde ich die ficken. I make love very long and very gooooooooooooooooooood!" wobei der Schwarze zum Handshake ansetzte, den er allerdings abwies.

"Hör jetzt mal genau zu", fuhr er fort. "Heute Abend will ich, dass Du es meiner Frau richtig besorgst. Mache nicht „Looooooooove" mit ihr (und äffte ihn dabei nach), ficke ihr mal so richtig das Gehirn und die Scheiße raus. Das kannst du doch. Ficke sie in den Arsch, den Mund, die Fotze, gib Vollgas. Verstanden?" Der

Schwarze nickte und befeuchtete mit der Zunge seine wulstigen Lippen.

"Es wird so ablaufen", sagte er, während er zu ihr schaute. "Ich werde mich heute Abend an der Bar mit meiner Frau verabreden, nicht erscheinen und unter irgendeinem Vorwand wichtige geschäftliche Termine vorschieben, die mich verhindern lassen. Deine Aufgabe ist es, gesellig zu sein, ein Gespräch mit ihr zu beginnen, ihr Komplimente zu machen und, wichtig, ein paar Drinks zu spendieren. Am besten den *Watermelon Man*, den mag sie besonders (bei dem Gedanken an den Drink musste er selbst schmunzeln). Wenn sie heiter wird, nimmst Du sie unter irgendeinen Vorwand, Sterne gucken, Fischerbootnetz zeigen oder so, mit in Deine Hütte, Du wohnst doch da hinter der Bar am Strand, oder?" Der Schwarze nickte freundlich.

„Okay, ich will das Du, wenn ihr in Deiner Bude angekommen seid, sie sofort küsst, auszieht, ihre Titten streichelst und ihr die

Finger in die Fotze steckst. Das wird sie geil machen. Dann soll sie Deinen Schwanz blasen und Dir Arsch und Eier lecken. Habe keine Sorge, halte ihr Deinen Schwanz einfach vor das Gesicht. Wenn sie Dich schön hartgeblasen und geleckt hat, fickst Du erst ihre fetten Titten, danach ihre Fotze. Wichtig ist dabei, dass Du keine Rücksicht auf sie nimmst. Ficke einfach so hart und schnell Du kannst. Wenn sie gekommen ist, und das wird sie (dabei schaute er nicht ohne Ehrfurcht auf seinen riesigen, schon halb harten Schwanz in der knallgelben Badehose), will ich, dass Du sie in den Arsch fickst. Spucke ihr vorher auf das Arschloch, das wird reichen, um ihr Deinen Schwanz reinzustecken. Während Du sie in den Arsch fickst, soll er immer bis Anschlag drin stecken. Dass Du es gut angestellt hast, wirst Du daran merken, dass sie auch im Arsch kommen wird und dabei aus der Fotze abspritzt. Ich denke, Du kennst das. Von mir aus kannst Du ihr auch ein paar kräftige Klapse und Hiebe verpassen, aber schlag ihr nicht ins Gesicht. Wenn Du das Gefühl hast, sie kann nicht mehr, machst Du weiter und gibst den Rest. Wenn sie schreit, halte ihr den Mund zu und stecke dabei deine Finger rein, sodass sie daran lutschen kann. Pass während des Fickens aber darauf auf, dass Du nicht in ihr abspritzt. Ich will, dass Du ihr am Ende ins Gesicht wichst und sie soviel wie möglich von Deinem Sperma schluckt. Hole Dir daher heute keinen mehr runter, sie soll die volle Ladung abbekommen. Danach schmeißt Du sie wortlos aus deiner Bude raus. Verstanden?" Wieder nickte der Schwarze (für ihn schien das wohl ein üblicher Ablauf zu sein).

Sodann überließ er dem Melonenmann ein paar Dollarnoten (diese waren für die Drinks gedacht) und als er sich schon umdrehte, um zu gehen, fiel ihm noch etwas ein: „Ach so, der Barkeeper ist doch ein Freund von Dir, oder? (Dabei zeigte er auf einen ungefähr 150 Kilo schweren, im Gesicht tätowierten Koloss der gerade Limetten presste). „Nimm ihn einfach mit, und fickt sie gemeinsam. Ihr werdet euch schon einig. Ein Schwanz von euch beiden sollte aber immer in ihrem Arsch stecken."

„Yes, Sir", erwiderte der Schwarze und führte dabei salutierend seine Hand zum Kopf.

Am nächsten Morgen, es wird schon nach Sonnenaufgang gewesen sein, kam seine Frau nach Hause und schlief bis Mittag. Während man sich am Buffet traf, entschuldigte er sich bei ihr für sein gestriges Nichterscheinen, welches sie ihm mit einer Handbewegung verzieh. Als man am Tisch saß und dabei aufs Meer schaute, fragte sie ihn: "Sag mal, eure jährlichen Firmenausflüge mit allen Angestellten ins Ausland, gibt es die noch?" „Ja", erwiderte er. „Ich glaube, das nächste Mal lasse ich Dich mitreisen."

Die Lehrerversammlung

Nachdem alle relevanten Punkte der Tagesordnung abgehandelt waren, wurde durch den Direktor zum Abschluss vor dem Kollegium noch einmal eindringlich darauf hingewiesen, dass zum wiederholten Male ein Schüler beim Onanieren auf der Mädchentoilette erwischt worden sei. Er wolle daher noch mal daran erinnern, dass es gemäß der aktuell bestehenden Schulrichtlinien den weiblichen Kolleginnen untersagt sei, auf das Tragen eines Slips zu verzichten.

Das Bauordnungsamt

Das alte Pfarrhaus der Stadt sollte eine Nutzungsänderung erfahren.

Der Antrag lag den 3 sachbearbeitenden Damen des Amtes zur Prüfung vor. Der neue Besitzer beabsichtigte das rustikale Fachwerkhaus des kürzlich verstorbenen Dorfgeistlichen in einen modernen Swingerclub zu verwandeln, dessen Spezialität überregionale „Gangbangpartys" waren. Nach den Antragsunterlagen des Betreibers sollten Frauen zu den wöchentlichen Veranstaltungen kostenlosen Zutritt haben, wobei aber fest geregelt war, dass auf eine Frau, mindestens 20 zahlenden Männern vorbehaltlos Zutritt zu gewähren sei und die Herren, jeweils in Gruppen zu 10 Personen aufgeteilt, mit den anwesenden Frauen anstellen durften, worauf man sich untereinander in geheimer Wahl mit einfacher Mehrheit geeinigt hatte. Als besonderes „Spezial" sollte dann einmal im Jahr ein hochdotierter internationaler Wettbewerb stattfinden, indem sich die Männer mit den größten Penissen der Welt in unterschiedlichen Disziplinen untereinander messen durften.

Die Damen der Prüfstelle erhielten den Antrag am Morgen und nach der Mittagspause stand fest:

„Antrag genehmigt, Vorhaben ausnahmsweise zulässig."

Der Badetag

Die Schwangerschaft der frühreifen Tochter erklärte man sich damit, dass sie sonntags immer nach dem pubertierenden Sohn in die Badewanne ging.

Die Eiskunstläuferin

Sie war wohl die begabteste Künstlerin in diesem Sport, seit Kindertagen täglich auf dem Eis, doch aus irgendeinem Grund, hatte sie noch keinen großen Titel gewonnen. Dabei wurde es für sie langsam Zeit; die nächsten Olympischen Spiele, die ihre Letzten sein konnten, standen bald bevor.

Ihr Trainer, er stand längst selbst in der Kritik, ging abends nach dem Training regelmäßig alleine in einem Imbiss essen, um danach auf dem widerlichen Klo das Gegessene wieder auszukotzen. Auch er musste in Form bleiben, und wusste seinen Kummer gerne zu ertränken.

Im Fernsehgerät an der Wand, neben dem Spielautomat, der täglich von einem fetten, stinkenden Fernfahrer gefüttert wurde, lief immer der Sportkanal, diesmal, zwischen zwei Fußballspielen, auch eine Reportage über die Eiskunstläuferin. Missmutig musste der Trainer mit anhören, dass seinem Schützling, trotz allen Talents, noch etwas fehlte, sie zu verbissen sei, ihr Trainer, vom Ehrgeiz zerfressen, nicht geeignet, sie auf die wichtigen Turniere vorzubereiten und das sie, wohl auch bei der anstehenden Olympiade nicht so tanzen wird, wie sie es könnte.

Als er gerade aufstehen wollte, um sich vor das Klo zu knien, schrie der fette Kerl aus der Ecke in alle Richtungen, „Die Alte muss doch nur mal richtig geknallt werden!", lachte dreckig, nahm einen großen Schluck aus seiner Flasche und gab dem Automaten einen Klaps.

Der Trainer hielt kurz inne, die Jahre zogen an ihm vorbei, ging zu dem Fetten und sprach ganz ernst: „Willst Du`s machen?"

Einige Monate später, als im Imbiss wieder der Sportkanal lief und die Eiskunstläuferin mit ihrem Trainer im Arm glücklich winkend in die goldene Medaille biss, hörte man vom Automaten ein stolzes Schluchzen: „Das ist mein Mädchen!"

Das Bewerbungsgespräch

„Frau Dr., vielen Dank für Ihr heutiges Erscheinen. Sie bewerben sich auf eine interessante Stelle, aber das wissen Sie ja."

„Hmm."

„Ich habe mich Ihnen ja schon vorgestellt, die beiden Herren neben mir aus der Personalabteilung (nennt ihre Namen,) werden heute aufmerksam zuhören, sodass wir uns gemeinsam eine Meinung über Sie bilden können."

„4 Augen sehen mehr als 2."

(räuspert sich) „Wie kommen wir denn zu der Ehre, dass Sie in unserer Behörde, übrigens die größte im Land, die Rechtsabteilung führen und zukünftig Herrin über knapp 20 Angestellte sein wollen?"

„Das ist jetzt nicht die Stelle, von der ich feuchte Träume bekomme, aber von irgendwas muss man ja leben."

„Nun ja, verhungern werden Sie hier nicht." (lächelt irritiert), „Aber, nun gut. Sie haben ausgezeichnete Referenzen. Wenn ich mal zitieren darf?"

(nickt und schlägt die Beine übereinander)

„Beide Staatsexamen mit Auszeichnung, ..." (wird unterbrochen)

„Hat der rechte neben Ihnen (zeigt mit dem Finger auf den linken), ich habe den Namen vergessen, hat der mir gerade unter den Rock geschaut?"

(schaut zu den Kollegen, von beiden Seiten kopfschütteln)

„Dann ist ja gut. Ich trage nämlich nie Unterwäsche, hatte da mal 'nen ganz schlimmen

Ausschlag von den Latexslips, die ich immer tragen musste - solche, wo keine Luft ran kommt."

(fährt fort) „... den Doktor jur. im Alter von 24 Jahren gemacht, ein Jahr New York, ein Jahr Tokio, immer auf besten Universitäten, danach jeweils 10 Jahre und einmal knapp 8 Jahre als Partner in renommierten Wirtschaftskanzleien. Sie haben ein Lehrbuch zu bilateralen Handelsabkommen und diverse Aufsätze verfasst und dann kommt da ..." (zögert) „... ein Bruch, also knapp 2 Jahre, ohne Beschäftigung ..." (wird unterbrochen)

„Ja, ich weiß."

(denkt nach) „Ich frage Sie jetzt einfach mal geradeaus, ganz direkt. Warum wollen Sie zu uns, quasi einen Neuanfang starten?"

„Sie wissen ja, wie das in den Großkanzleien so ist. Da sitzt man dann auch schon mal bis 17-18 Uhr, wenn was Dringendes raus muss oder die Mandanten nerven. Und dann den ganzen Tag die Schwänze der Partner lutschen ..." (wird unterbrochen)

„Entschuldigung? Ich habe gerade ..." (dreht sich irritiert zu seinen Kollegen um, als ob er sich verhört haben könnte) „... Schwänze lutschen verstanden? Im übertragenden Sinne, oder wie?"

„Nein, Schwänze lutschen. Einen Blasen. ´Nen Blowjob. Mund auf, Schwanz rein. Saugen. Schlucken. Kennen Sie doch?"

(die Herren starren peinlich berührt auf den Boden)

„Und das war nicht alles. Was ich denen meinen Arsch hinhalten musste. Und dann die Firmenausflüge, wenn ich da nicht gespurt ..." (wird unterbrochen)

„Also ich kann Ihnen garantieren, dass seit der Einführung unseres Gleichstellungsbeauftragten, solche

Vorfälle hier nicht mehr vorkommen, oder sofort disziplinarisch und mit aller Härte geahndet werden. Da geben sie mir doch recht meine Herren, in dieser Behörde existieren Frauen und Männer in friedlicher Koexistenz." (beide nicken).

„Ich wollte ja nur ausschließen, dass sie mir gleich an die Wäsche gehen und den Schwanz vors Gesicht halten. War jedenfalls in meinen früheren Gesprächen in den Kanzleien so." (schluchzt)

(alle schweigen)

„Hab ich den Job?"

„Wir melden uns."

„Ach so. Nicht vergessen, den Wisch fürs Arbeitsamt auszufüllen. Dass ich hier war, und so."

„Vergessen wir nicht." (freundlich nickend)

Frau Dr. verlässt den Raum, die Herren warten ab, bis sie sich ganz sicher sind, dass die Tür fest geschlossen ist.

(wildes Durcheinander, Gegröle) „Boar, was war DAS denn für ´ne geile Sau!?" „Wie alt soll die sein?" „46!" „Die sah höchstens aus wie 30-32." „Hartz 4?" „Den Gefallen tun wir ihr nicht." „Sich schön ´nen Lenz machen." „Hätte die wohl gerne!" „Hast du die fetten Titten gesehen?" „Die hat doch bestimmt mal Pornos gedreht." „Suche ich gleich mal." „Ich würde ihn kaufen." „Wisst ihr was, ich konnte die ganze Zeit ihre Pflaume sehen, glatt wie nen Baby-Popo." „Nee, oder?" „Das nächste Mal will ich in der Mitte sitzen." „Ich hatte schon ´nen Ständer, als die mir die Hand gegeben hat." „Und wie die gerochen hat." „Zeig noch mal das Foto, das nehme ich mit zum Wichsen." „Näher wirst du der auch nie kommen." „Werden wir ja sehen." „Weihnachtsfeier ist die Alte fällig." „Halloween!" „Erster Tag! Am Kopierer!" „Die ficke ich so was von durch!" „Bam! Bam! Bam!" „Nach mir, ja!" „Nach mir, du Assi, das geht nach Gehaltsgruppe." „Hat doch 3 Löcher!" (allgemeines Gelächter)

Die Weihnachtsfeier

Weil seine Frau dabei war, beschloss er dieses Jahr nicht hinzugehen.

Das Experiment

Schmerzen.

Unglaubliche, höllische Schmerzen. Es fühlte sich an, als ob es ihn zerreißen würde. Ein Stechen, ein Brennen, eine Pfählung. Das Gefühl, zerfetzt zu werden. Ein paar Sekunden noch und er wird ohnmächtig. Nein, er würde sterben.

Er klopfte dreimal ab. Sie zog sein Penisduplikat, welches man am Vortag gemeinsam hergestellt hatte, aus seinem Arsch. „Der war ja nur paar Sekunden drin und gerade mal bis zur Eichel", sagte sie enttäuscht. „Analsex ist wohl doch nur was für Frauen." Er wischte sich eine Träne aus dem Auge und hoffte das sie es nicht bemerkte.

Das Fenster

Besonders ans Herz gewachsen war ihm die Neue, die, noch am Tag ihres Einzugs in der gegenüberliegenden Wohnung, sich von ihrem Freund auf dem Küchentisch am Küchenfenster ficken ließ. Ihr Stöhnen hörte er bis in seine Wohnung, ihre kleinen Titten tanzten im Takt und er war schneller gekommen, als üblich. Jeden Morgen, wenn sie aufstand, öffnete sie die Vorhänge im Schlafzimmer, und stand dort für wenige Sekunden nackt am Fenster. Dann drehte sie sich um, öffnete den Kleiderschrank und zog sich an.

Das Gefängnis

Er wurde inhaftiert, weil er seine Rechnungen nicht zahlte und auch noch große Verträge schloss, obwohl er es sich nicht leisten konnte.

Seine besten Jahre, das sah man ihm an, hatte er hinter sich, er schien die Haftstrafe aber ohne innere Aufregung anzutreten.

Nachdem sein Zellennachbar ihm die wesentlichen Abläufe im Gefängnis erklärt hatte, erlaubte sich dieser am Ende den Hinweis, dass er, da sehr kräftig und maskulin gebaut, sich schnell eine „Liebhaberin" suchen solle, die er im hinteren Zellentrakt finden würde, man sich schnell daran gewöhnen und auch sowieso kaum Unterschiede festzustellen seien.

Am nächsten Morgen erschien er geschminkt im Speisesaal und bestand vehement darauf, ihn für den Rest seiner Haftzeit im hinteren Zellentrakt unterzubringen.

Der Chirurg

Sie, höchstens 18 Jahre alt, machte einen Termin bei ihm, dem angesehensten Schönheitschirurgen der Stadt. Das Problem, welches ihm die Schwester schilderte, löste bei ihm allerdings Befremden aus. So hatte er seit Jahren zahlreiche Brustvergrößerungen durchgeführt, aber der jetzt beabsichtigte Eingriff war ihm völlig fremd. Die neue Patientin wünschte eine Brustverkleinerung.

In Vorbereitung auf die Sprechstunde war er leicht gereizt. Sein Berufsethos verband er nämlich einzig damit, Frauen zu verschönern. Mit einer gewissen Anspannung ging er daher die Besprechung an, zumindest froh, eine Unbekannte nackt zu sehen. Sie, bereits von der Schwester entkleidet, wartete im Besprechungszimmer auf ihn, wie gewöhnlich war es dort sehr kühl, er mochte es, wenn die Nippel der zu behandelnden Frauen bei seinem Betreten des Zimmers vom Körper abstanden. Ihre Warzen, deren Teller riesig waren, standen deutlich hervor, auch sonst verschlug es ihm beim Anblick der Brüste den Atem. Riesig. Das glaubt ihm niemand. In der Folge beschrieb sie ihm ausführlich ihre Rückenschmerzen, die sie regelmäßig erlebte, einzig dem Umstand geschuldet, dass ihre Brüste zu groß und zu schwer waren. Auch belastete sie es psychisch sehr, dass ihr gesamtes Umfeld, sie ausschließlich auf ihre Brüste reduzierte und sie mehr als einmal mit obszönen Begriffen beschrieben wurde, wobei er während ihrer Erzählung mehrmals gähnte. Er schätzte ihre Brustgröße auf „F", ohne dass das für ihn verwerflich erschien. Im Gegenteil, als er sie untersuchte, fand er sehr wohl, dass diese Brüste, gerade in dieser Größe, einen ästhetischen Mindestanspruch an ihren geschlechtsreifen Körper entsprachen. Wie viele Frauen hatte er bei ihren Wünschen begleitet, Brüste wie ihre zu erhalten? Er fand daher, dass es persönlich, aber auch berufsethisch nicht vertretbar wäre, ihr die Brüste zu verkleinern. Um ihr das Problem zu verdeutlichen, hängte er eine Fotografie einer Brust mit Körbchengröße „A" an seine Pinnwand, welches er kürzlich bei einer Patientin (er nannte sie „den Knaben") hatte machen lassen. „Liebe Frau", sagte er, „was denken sie, was ich fühle, wenn ich diese Brust betrachte?" Sie zuckte schüchtern mit den Schultern. „Ich werde es ihnen zeigen." Er öffnete seine Hose und ließ seinem Schwanz vor ihrem Gesicht baumeln. „Wie Sie sehen", erwiderte er, „passiert nichts." Dann schaute er intensiv, fast hypnotisierend auf ihre Brüste, was zur Folge hatte, dass sein Schwanz sich sofort verhärtete und er vor ihr eine mächtige Erektion erhielt (sein Penis war nur durchschnittlich groß, stand aber sehr steil nach oben und berührte fast seinen Bauchnabel). „Sehen Sie den Unterschied?", fragte er. „Ihre Titten, erlauben Sie mir ihre Brüste so zu bezeichnen, machen mich geil. Und was mich geil macht, macht auch jeden anderen geil. Und sie müssen wissen, dass ich mehr Titten zu sehen bekomme, als jeder sonst im Umkreis von 100 km. Und wenn sie es erlauben, würde ich mir gerne einen auf ihre prächtigen Titten wichsen."

Sie, leicht entsetzt, stimmte dem Herrn Doktor zu. Er spritzte ihre Titten von oben bis unten voll, ohne dabei große Anstrengungen zu vollbringen. Die junge Frau, offensichtlich geheilt, verabschiedete sich und wurde in der Praxis nie wieder gesehen.

Das Gespräch

"Schatz?", fragte er sie, während er auf dem Klo saß und beim Einwerfen der leeren Toilettenpapierrolle in den Badmülleimer eine Vielzahl getragener Slipeinlagen erblickte. "Warum trägst du eigentlich auch außerhalb deiner Periode so komische Einlagen?" „Weil ich den ganzen Tag feucht bin und nur an große, fette Schwänze denke, die mich wahllos durchficken und vollspritzen", dachte sie sich.

"Ist ´nen leichter, harmloser Ausfluss, habe ich schon seit der Pubertät".

Das Kreuzverhör

Anwalt: „Sehr verehrte Zeugin, wir haben gerade gehört, wie Sie dem Gericht den Vorfall geschildert haben, für den sich heute der Angeklagte, mein Mandant, zu verantworten hat. Ich fasse Ihre Schilderung noch einmal kurz zusammen, wenn sie erlauben."

Zeugin: (nickt)

Anwalt: „Am Vormittag des 29. September soll Sie mein Mandant ..."

Zeugin: (unterbricht den Anwalt) „Hat!"

Anwalt: „Bitte lassen Sie mich aussprechen, denn genau diese Frage, gilt es herauszuarbeiten." (fährt fort) „soll der Angeklagte (mit besonderer Betonung) am Vormittag des 29. September an der Klingel Ihrer Privatwohnung geläutet haben, woraufhin Sie die Tür geöffnet haben und der Angeklagte, ohne dass Sie das wünschten, vor Ihnen, mit heruntergelassener Hose, masturbiert haben. Ist das richtig?"

Zeugin: „Ja."

Anwalt: „Wie bitte? Ich konnte Sie nicht verstehen. Sprechen Sie bitte lauter!"

Zeugin: (lauter) „Ja, das ist richtig!"

Anwalt: „Kannten Sie den Angeklagten schon vor dem Vorfall, den Sie geschildert haben?

Zeugin: „Nein".

Anwalt: „Dann haben Sie den Angeklagten an diesem Tag das erste Mal gesehen?

Zeugin: „Ja, das ist richtig."

Anwalt: „Wie bitte? Ich konnte Sie wieder nicht verstehen?"

Zeugin: (lauter) „Ja, das ist richtig!"

Anwalt: „Wie lange soll denn der Vorfall insgesamt gedauert haben?"

Zeugin: „Ungefähr 1-2 Minuten."

Anwalt: „Wie bitte?"

Zeugin: (lauter, genervt) „Ungefähr 1-2 Minuten!"

Anwalt: „Wie muss ich mir das denn genau vorstellen? Er hat die Hose runtergezogen, und sein Penis in der Hand gehalten? Hing der Schwanz runter oder war er steif?"

Zeugin: „Die Hose war bis auf die Knie runtergezogen und er hielt mit der rechten Hand seinen Penis in der Hand. Der Penis war hart, das konnte ich genau erkennen. Die Hand hat er hoch- und runtergeführt und sich einen, Entschuldigung, gewichst."

Anwalt: „Hat er abgespritzt?"

Zeugin: „Ja, hat er."

Anwalt: „Und der Vorfall hat 1-2 Minuten gedauert?"

Zeugin: „Ja, hat er."

Anwalt: „Warum haben Sie nicht einfach die Tür geschlossen?"

Zeugin: (stammelt) „Ich war erschrocken, ich stand quasi unter Schock."

Anwalt: „Haben Sie ihm (zeigt mit dem Finger auf den Angeklagten) auf den Penis geschaut?"

Zeugin: (unsicher) „Ja."

Anwalt: „Wie bitte? Reden Sie bitte lauter, damit wir sie alle verstehen können!"

Zeugin: (lauter) „Ja, habe ich!"

Anwalt: „Warum? Gab es da was Besonderes? Und noch mal, warum haben Sie nicht einfach die Tür geschlossen, als ein völlig fremder Mann, mit heruntergelassener Hose vor ihnen stand und sich vor Ihnen masturbiert hat?"

Zeugin: (stammelt) „Ich stand unter Schock, und dann war sein Penis auch riesig groß …"

Anwalt: „Erzählen Sie weiter, bitte …"

Zeugin: „Ja, ich war erschrocken, ich war wie erstarrt, auch wegen dem riesen Schwanz, den er hatte, ich konnte einfach nicht wegschauen."

Anwalt: „Was trugen sie denn an dem besagten Morgen?"

Zeugin: „Was ich trug?"

Anwalt: „Ja, was hatten sie denn an. Schlafanzug, Kostüm, Jeans …?"

Zeugin: „Mein Nachthemd glaube ich."

Anwalt: „Beschreiben Sie uns das Nachthemd doch mal etwas näher."

Zeugin: „Das ist so eine Art Negligé, aus Seide, mit transparentem Stoff. Das hat mir mein Freund geschenkt."

Anwalt: „Kann man in dem Negligé, wie Sie sagen, welches sie an dem Morgen getragen haben, welches aus transparentem Stoff war, kann man dadurch auch ihre Brüste oder Vagina sehen?"

Zeugin: „Ich denke schon. Dafür hat er es gekauft."

Anwalt: „Glauben sie, dass der Angeklagte ihre Brüste und Vagina sehen konnte?"

Zeugin: (irritiert) „Ja, nein. Weiß ich nicht. Vielleicht. Ich denke schon. Aber das ist doch auch egal, er stand schon mit heruntergelassener Hose vor mir, als es klingelte."

Anwalt: (wendet sich dem Richter zu) „Hohes Gericht, ich beantrage die Zeugin aufzufordern, die Vernehmung an ihr nackt durchführen zu lassen. Ich möchte damit eine Situation herstellen, wie sie an dem mutmaßlichen Tattag stattgefunden hat."

Richter: (überlegt kurz) „Dem Antrag wird stattgegeben. Die Zeugin soll sich nackt ausziehen und die Vernehmung soll so fortgeführt werden, wie die Zeugin am mutmaßlichen Tattag dem Angeklagten vor ihrer Wohnungstür begegnet ist."

Zeugin: (schaut zum Staatsanwalt, der ihr zunickt. Sie zieht sich aus.)

Anwalt: „Bitte stellen Sie sich aufrecht vor mich hin."

Zeugin: (erhebt sich und hält mit den Händen Brüste und Scham bedeckt)

Anwalt: „Stehen Sie doch mal so, wie Sie am mutmaßlichen Tattag die Tür geöffnet haben."

Zeugin: (nimmt die Hände beiseite, ihre Brüste und Vagina kommen zum Vorschein)

Anwalt: „Passen Sie auf!" (er öffnet seine Robe, zum Erstaunen aller ist seine Hose bereits heruntergelassen, für jedermann sichtbar hat er eine Erektion) „Hohes Gericht, ich mache meine mächtige Erektion, die Sie hier alle sehen können, …" (dabei dreht er sich einmal um die eigene Achse im Saal herum) „zu Beweisstück A und möchte, dass eine Fotografie von meinem erigierten Glied zu den Gerichtsakten genommen wird. Darüber hinaus bitte ich alle Beteiligten im Saal, aufzustehen." (er macht eine

Handbewegung) „Sofern das Gericht und Staatsanwaltschaft Roben tragen, bitte ich die Herren, diese zu öffnen."

Zeugin: (schaut sich im Saal irritiert um, streift mit der Hand über ihren Venushügel und bereut, sich nicht frisch rasiert zu haben)

Anwalt: „Wie Sie sehen, hohes Gericht, (zeigt auf die Hose des Richters) hat auch das Gericht eine Erektion. Wenn wir zu dem Angeklagten schauen," (auch dieser hatte sich erhoben) „so sieht man, dass dieser bereits ejakuliert hat, was man an dem feuchten Fleck an seiner Hose deutlich erkennen kann. Auch der Herr Staatsanwalt hat eine Ausbeulung an seiner Hose, die zwar sehr klein ist, doch gerade noch auf eine Erektion schließen lässt. Ich gehe daher davon aus, dass jeder männliche Beteiligte im Saal eine Erektion hat und bitte, dies durch Handzeichen zu bestätigen." (Sowohl der Richter als auch der Staatsanwalt und Angeklagte heben die Hände, der Anwalt wendet sich wieder der Zeugin zu, seine

Robe ist immer noch geöffnet und sein erigierter Penis steht steif hervor). „Verehrte Zeugin, wie Sie sehen, ist jedermann in diesem Saale von Ihrem Anblick erregt. Erlauben Sie mir noch den Hinweis, dass ich, sofern ich wollte und heute nicht noch andere Verpflichtungen hätte" (wobei die Gerichtsschreiberin errötet), „jederzeit vor Ihnen ejakulieren könnte, wenn ich Sie nur lang genug, sagen wir mal 1-2 Minuten, betrachten würde. Und wie wir bereits bemerken durften, hat der Angeklagte bereits ejakuliert. Und jetzt frage ich Sie, hat der Angeklagte Sie an dem besagtem Morgen wie heute angeschaut?"

Zeugin: (schaut erst auf den Penis des Anwaltes, danach auf den Fleck an der Hose des Angeklagten) „Ja, ich denke schon."

Anwalt: „Wie bitte? Ich kann Sie nicht verstehen."

Zeugin: „Ja, hat er!"

Anwalt: (wendet sich siegesgewiss dem Gericht zu, zögert kurz). „Eine Frage hätte ich dann noch. Sie haben ausgesagt, dass der Angeklagte vor Ihnen ejakuliert hat. Den Akten ist jedoch nicht zu entnehmen, dass Spermaspuren oder Ähnliches im Eingangsbereich Ihrer Wohnung gefunden wurden, oder Sie auf solche Spuren aufmerksam gemacht haben. Was ist mit dem vermeintlichen Ejakulat des Angeklagten geschehen?"

Zeugin: „Ich habe es weggewischt."

Anwalt: „Womit haben Sie es weggewischt?"

Zeugin: (sehr leise) „Mit meiner Zunge."

Anwalt: „Wie bitte?"

Zeugin: (aufgelöst) „Ich habe es aufgeleckt. Alles. Und runtergeschluckt."

Anwalt: (die Augen zu Schlitzen geformt) „Haben Sie dabei masturbiert?"

Zeugin: (der Blick zum Boden) „Ja."

Anwalt: „Bitte?"

Zeugin: (sehr laut) „Ja!"

Anwalt: „Schämen Sie sich dafür?"

Zeugin: (schluchzend) „Ja."

Anwalt: „Ich habe keine weiteren Fragen."

Der Anruf

Samstag, um 4 Uhr morgens. Das Telefon klingelt im Schlafzimmer. Er schiebt seine Kinder zur Seite, greift über seine Frau hinweg zum Hörer.

„Hallo?"

„Ich bin es. Ich glaube ich werde gleich Scheiße bauen." (Er erkannte die besorgte Stimme seines besten Freundes.)

„Was willst Du?" Wenn`s nicht wichtig ist, bringe ich dich Montag um." (Beide waren Anwälte in einer renommierten Wirtschaftskanzlei)

„Es geht um ..." (er nannte den Namen einer gemeinsamen Freundin. Er erinnerte sich, dass sein Freund seit Kindertagen hoffnungslos in diese Frau verliebt war, zu viel Zeit mit ihr verbrachte und von ihr ständig mit Geschichten über ihre aktuellen Freunde genervt wurde. Weil sie auch Details nicht aussparte, machte ihn das innerlich rasend, zu gerne wäre er an der Stelle ihrer Liebhaber gewesen. Niemals hätte er sich jedoch getraut, sie drauf anzusprechen.)

„Na und?" (er war bereits leicht verärgert)

„Sie liegt gerade total betrunken neben mir im Bett. Wir waren gemeinsam auf einer Party und sie hat zu viel getrunken. Weil sie ins Taxi gekotzt hat, habe ich sie mit zu mir hochgenommen. Jetzt liegt sie hier, und ich kann ihren Arsch und ihre Fotze sehen, da ihr Kleid nach oben gerutscht ist und sie mal wieder nichts drunter trägt."

„Na dann, herzlichen Glückwunsch?" (Dabei stand er auf und ging mit dem Telefon ins Bad. Was sein bester Freund nicht wusste, war, dass die Freundin ihm in einem Klub beim Koksen auf dem Klo auch schon mal einen geblasen hatte, und er fand danach, dass sie eine ziemliche Schlampe war).

„Ich habe Angst, dass ich sie gleich ficke, während sie schläft und ich morgen deswegen Ärger bekomme. Du weißt doch, wie's läuft. Und Du kennst sie ja auch, sie kann schnell ausflippen und zeigt mich schneller bei den Bullen an, als ich bis drei zählen kann."

„Hmm" (da hatte er recht, dachte er sich)

„Du kannst dir aber nicht vorstellen, wie groß mein Verlangen nach ihr ist. Sie liegt hier vollkommen entblößt neben mir und ich hab schon an ihrem Arsch und ihrer Fotze gerochen, Bilder von ihr gemacht, ich halte es nicht mehr aus, ohne ihr meinen Schwanz reinzustecken und sie nach Strich und Faden durchzuficken. Ich will ihr jeden Scheißtypen, den Sie neben mir gevögelt hat, aus ihrem Scheiß Gehirn ficken. Heute ist Zahltag!" (er schrie hysterisch)

„Ruhig. Hole Dir jetzt einen runter, sehe zu, dass du nicht auf ihr Kleid wichst, und gehe schlafen." (und legte genervt auf)

Die Nachricht

Sonntag, 4.13 Uhr morgens. Sein Handy piept im Schlafzimmer. Er schiebt seine Kinder zur Seite, greift über seine Frau hinweg zum Telefon.

Der Bordellbesuch

Weil er seine Frau leid war, entschied er sich, dem Dorfbordell einen Besuch abzustatten.

„Ich hätte gerne ein Mädchen, das das Gegenteil von meiner Frau ist", sagte er zur Puffmutter, die ihn gut kannte.

„Ich hole Ihnen ein hübsches, wohlriechendes Ding", erwiderte sie, ohne dass er danach dafür bezahlen musste.

Der Campingausflug

Wie jedes Jahr,

entschlossen sich zwei befreundete Paare, gemeinsam zum Camping zu fahren.

Wie jedes Jahr,

verstand man sich gut, die Reise sollte eine Woche dauern.

Wie jedes Jahr,
baute man gemeinsam die Zelte auf.

Wie jedes Jahr,

beschlossen die beiden Männer, ihre Frauen am ersten Abend abzufüllen.

Wie jedes Jahr,

tauschten die Männer, nachdem sich die Frauen schlafen gelegt hatten, die Zelte und fickten die Frau des Anderen, auf die denkbar obszönste Weise.

Wie jedes Jahr,

saßen die Frauen am nächsten Morgen gemeinsam zum Frühstück und bekundeten, dass der gemeinsame Campingausflug doch die schönste Zeit des Jahres sei.

Der Dorfdepp

Vor einiger Zeit trug sich in einem Dorf eine Geschichte zu, die so wie beschrieben, tatsächlich und in allen Einzelheiten stattgefunden hat.

Wie in jeder kleinen Gemeinde, gab es auch in dem Dorf, in der sich die Ereignisse zugetragen hatten, einen Dorfdeppen. Dieser hier hatte jedoch eine Besonderheit, die ihn zu einem einzigartigen Exemplar seiner Zunft machten. So war der Depp nämlich mit dem prächtigsten Penis ausgestattet, den jemals jemand zu Gesicht bekommen hatte. Sein Schwanz hatte die Dimension der Elle des besten Melkers im Land, schlaff hing ihm der Schwanz bis fast zum Knie, erregt berührte die Schwanzspitze seine glatte, stark ausgeprägte Brust. Die wuchtigen Adern, die seinen Schaft benetzten, pulsierten im Takt seines

Herzens, die Struktur seiner Gefäße war nicht willkürlich angeordnet, mehr eine Flusslandschaft, gezeichnet auf einem Gemälde, gewollt und von höherer Instanz arrangiert. Die Eichel, blass rosa, wie die untergehende Sonne an wenigen Tagen im Jahr, glänzte ohne feucht zu sein, mehr Spiegel als Haut und Fleisch und durchaus vergleichbar mit einem blank polierten Apfel.

Darüber hinaus konnte er mit diesem Prachtstück so umgehen, wie noch keiner vor ihm. Wenn es erforderlich war, konnte er stundenlang ficken, ohne dabei zu kommen, verlangte man von ihm zu spritzen, war ihm das jederzeit und auf der Stelle möglich. Auch hatte er die Fähigkeit unendlich und in unglaublichen Mengen abzuspritzen, sein Körper schien das zu verteilende Sperma unbegrenzt zu produzieren und bereitzustellen. Zudem sagte man, dass sein Sperma den Geschmack von Honig und die Reinheit von Neujahrsschnee hatte. Seine Hoden waren im Verhältnis zu seinem Schwanz nicht übermäßig groß, jedoch immer fest und ästhetisch und hingen niemals schlaff und faul an ihm herunter. So ungewöhnlich schön und ehrfürchtig sein Penis auch war und er tatsächlich beim Ficken eine Naturgewalt war, so dumm stellte er sich bei Dingen des täglichen Lebens an. In der Schule hat er nur zwei Klassen besucht, konnte weder lesen noch schreiben, seine Sprache war unbeholfen, sein Wortschatz kam über 100 Worte wohl nicht hinaus.

Er führte dennoch ein angenehmes, sorgloses Leben, denn wie der Zufall es so wollte, wurden die Frauenzimmer im Dorf rasch auf ihn und seine Talente aufmerksam und wussten diese Talente für sich jeweils gut auszunutzen.

So ergab es sich in einem Sommer, dass der Depp, als er ungefähr 12 Jahre alt war, mit anderen Kindern am Dorfteich spielte und auch Mütter der Kinder zugegen waren. Als plötzlich ein kleines Mädchen zu ertrinken drohte, riss er sich die Kleider vom Leib und sprang nackt in den Tümpel, in der Hoffnung, das zarte Ding zu retten. Obwohl er nicht schwimmen konnte, der Teich zum Glück aber nicht tiefer war, als er selbst groß, zog er das kleine Mädchen an Land, ohne dass dieses irgendeinen Schaden genommen hatte. Weil dem süßen Ding bei der Rettung das Höschen verrutschte und ihr kleines Fötzchen zum Vorschein kam und dies unseren Deppen, ohne dass er es hätte irgendwie beeinflussen können, seinen Schwanz knüppelhart in schönem Winkel stehen ließ, sah so nun das Dorf das erste Mal sein Weltwunder, das schon in seinem zarten Alter so ausgebildet war, wie es bereits beschrieben wurde und von ständigem Interesse bleiben sollte. So verbreitete sich die frohe Kunde dieses Naturschauspiels unter den Frauen rasch und jede wollte die Erste sein, die den Knaben verführte. Die Rettung selbst war bald vergessen, der gesellschaftliche Aufstieg unseres Deppen begann dennoch in großen Schritten.

Die erste Frau, die er beglücken sollte, war eine angesehene kinderlose Bäuerin, die eine Vorliebe für ihre Esel hatte, diese sie zwar regelmäßig glücklich machten, doch die Erzählungen von seinem Schwanz sie so sehr interessierten, dass sie ihn unter einem Vorwand in ihre Scheune lockte, um sich an ihm zu vergnügen. Sie befahl ihm, sich nackt auszuziehen und sich den Schwanz zu wichsen. Er, der sein Leben lang bedingungslos das tat, was man ihm auftrug, zögerte nicht mit der Ausführung, zu ihrem Erstaunen war sein Penis tatsächlich größer und begehrlicher, als alle Schwänze, die sie für gewöhnlich in sich aufnahm. Sie forderte ihn auf, ihr den Schwanz von hinten in die Fotze zu stecken, sich dabei mit den Armen auf ihre Schultern zu stützen und sie so lange zu ficken habe, bis sie ihm ein Zeichen gab. Sie kam viel schneller als üblich, sodass er auf Anweisung auch noch ihren Arsch zu begatten hatte, was bei ihr eine Ausnahme war und ihr wegen seiner Größe große Freude bereitete. In ihrem fetten, stinkenden Arsch durfte er sich dann entladen, er tat dies, als hätte er in seinem Leben noch nichts anderes getan, zog seinen Schwanz heraus, reinigte diesen mit Stroh und verließ die Scheune, verbunden mit ihrer Bitte, über den Vorgang zu schweigen, wortlos.

Die Bäuerin ließ den hochbegabten Deppen nun täglich bei ihr erscheinen, was im Dorf zu einigem Getuschel führte. Bei einem Krug Wein schafften es die restlichen Damen, ihr die Umstände seiner Besuche zu entlocken. Von fortan war er regelmäßiger Gast bei allen Damen im Dorf, wobei durch diese in der Folge ein einfaches und faires Verteilungsverfahren entwickelt wurde, sodass keine der Frauen, nicht mehr nicht auf ihre Kosten kam.

Unser Depp hatte dabei auch die bizarrsten Wünsche zu erfüllen, die ihn selbst längst nicht mehr verwunderten oder sonst wie an der Rechtmäßigkeit seines Handels zweifeln ließen. Sehr beliebt war es bei den Damen im Dorf, ihn dabei zu beobachten, wie er sich selbst seinen

Schwanz in den Mund steckte und daran blies und saugte, bis er sich selbst im Mund bewichste. Manchmal wurde es ihm von den Frauen aufgetragen, sie vor dem Ficken anzupissen oder zu scheißen und danach in ihre weit geöffneten Rachen zu wichsen. Zu Veranstaltungen, die körperliche Ausscheidungen zum Inhalt hatten, trafen dann des Öfteren auch mehrere Frauen gleichzeitig ein, er konnte natürlich alle ihre Wünsche erfüllen. Manchmal musste er die Frauen so hart und heftig ficken, bis diese vor Erschöpfung zusammenbrachen und aus Fotze und Arschloch bluteten. Derartige Vorfälle geschahen jedoch nicht zufällig, immer erfüllte er nur die konkreten Wünsche der Damen. Einmal hat er eine junge Landarbeiterin beim Ficken in den Arsch unbemerkt getötet, was die anderen Frauen jedoch auf deren Unbedarftheit und fehlende Selbstkontrolle zurückführten. Niemals machte man ihm einen Vorwurf. So starb die junge Frau, ohne von den anderen bemitleidet zu werden, an ihren inneren Blutungen und an einer Vergiftung wegen eines zerfetzten Darmes. Ihn verschonte man mit derartigen Details.

Als er ungefähr 15 Jahre alt war, trug es sich zu, dass er eine Sattlerin aus dem Nachbardorf, die dort geschäftlich zugegen war, schwängerte (sie bestand darauf, dass er in ihr kam), sie entgegen der Bevormundungen der sonstigen Dorffrauen, den Bastard austrug und mit dem Kind, welches augenscheinlich von gleichfalls großer Dummheit beseelt war, im Nachbarort sich der Einflussnahme der übrigen Damen entzog.

Die Frauen im Dorf nahmen diesen Vorfall zum Anlass, gemeinschaftlich zu beschließen, dass der Knabe nicht mehr in ihren Fotzen abspritzen durfte. So stark der Wunsch danach auch war, zu groß die Gefahr, einer neuerlichen Schwangerschaft der Frauen. Auch ließe sich die Niederkunft eines Kindes des Sonderlings nicht vor den eigenen Ehemännern verbergen, wie das sonst auch für gewöhnlich gehandhabt wurde, wenn man nach der Ankunft von Reisenden ein Kind gebar.

So zogen die Jahre ins Land und unser Depp, der sich der Zuwendungen der Frauen sicher war, genoss ein einträgliches Leben. Die Dorffrauen richteten ihm ein stattliches Haus ein, versorgten ihn mit ausgesuchten Speisen, hielten sein Haus reinlich und richteten im Keller einen Gruppenraum ein, der auch regelmäßig genutzt wurde. Man kann getrost sagen, dass die Frauen im Dorf, die glücklichsten im Land waren und bis auf einzelne Eifersüchteleien, die beispielsweise dann entstanden, wenn der Depp später als zugeteilt, von einer Frau bei der nächsten erschien und dadurch der Ablauf der geplanten Dinge in Gefahr geriet.

Das Leben unseres Deppen wurde jedoch je und viel zu früh beendet, da dieser bei dem Versuch ein Töchterchen auf Weisung der Mutter zu beglücken, von deren Vater in flagranti erschlagen wurde, was die Mutter so nicht gewollt oder geplant hatte.

Der Schädel des Deppen wurde durch eine Axt gespalten, zu seiner Beerdigung, erschien der gesamte weibliche Teil des Dorfes. Seinen Mörder vergifteten die Frauen innerhalb einer Woche, beide lagen keine 5 Meter voneinander entfernt begraben.

Durch den raschen und plötzlichen Tod des Deppen verfiel das Dorf in Lethargie.

Als einige Jahre später ein Handelsreisender zu Besuch im Dorf war, und dieser von einer sonderbaren Geschichte aus dem Nachbardorf berichtete, versammelten sich die Frauen, um einen gewagten Plan tatsächlich und erfolgreich in die Tat umzusetzen. So hatte der Reisende nämlich berichtet, dass im Nachbardorf, eine Abscheulichkeit vor Gericht stand und eine junge Mutter und stadtbekannte Sattlerin, den eigenen Sohn, der nicht älter als zehn Jahre gewesen war und über den man Ungeheuerliches berichtete, verführte und wegen dieser verbotenen Beziehung zum

Tode durch Erhängen verurteilt wurde. Die Frauen im Dorf begrüßten allesamt das Urteil, waren aber augenscheinlich nur daran interessiert, den Aufenthaltsort des Knaben zu erfahren. Nachdem der Reisende berichtete, dass der Knabe in eine Anstalt für Geisteskranke überführt wurde, beschloss man, den Dorfältesten dafür zu bezahlen, das Kind zu entführen und in das Haus des Deppen zu verschleppen. Dort würde man für ihn bis ans Ende seiner Tage sorgen.

Der Hochstapler

Obwohl er weder sonderlich attraktiv, noch intelligent, dafür immer sehr gut gekleidet und mit dem Hang beseelt war, Menschen für sich einzunehmen, verzichtete er auf eine anständige Ausbildung.

Wenn er log, was er ständig tat, beachtete er nur allgemein verträgliche Grundregeln, die dazu führten, dass ihm niemand auf die Schliche kam. Rede nur, wenn du etwas weißt. Halte die Schnauze, wenn du nichts weißt. Und weil er schnell die Sehnsüchte hinter den Augen erkannte, was man als Talent bezeichnen konnte, durchreiste er als junger Mann die Städte seines Staates, lernte viel und betrog mal hier und mal dort. Bei Frauen fuhr er gut, wenn er ihr Fernweh bediente, der sonderbare, stille Exot, ließ Herzen schlagen und Beinen spreizen. Wollte er einen jungen Kerl, bezahlte er diesen mit dem Geld, welches er den Damen aus dem Nachttisch stahl.

Die Frau, die er heiratete, wesentlich älter als er, vermögend und gesellschaftlich anerkannt, verführte er, sesshaft werdend, das Geld zur Neige gehend.

Sie verschaffte ihm eine Stellung in der Politik, seine Art kam gut an. Als er Minister wurde, ohne sich jemals einer Wahl gestellt zu haben, stieß er seine Alte beim Segeln vom Boot, seine Tränen an ihrem Grab, vor Glück, das erste Mal ehrlich gemeint.

Der Künstler

Wie an jedem Morgen sprang er aus dem Bett, kleidete sich, wie es ihm gefiel, und machte die Besorgungen für den Tag. Ein kurzes Schäkern mit der Kassiererin, die auch seine Muse hätte sein können, und dann hinein in das Leben. Bald, ja bald hat er sein Buch geschrieben, und würde über die lachen, die ihn belächelten, weil er alles hinter sich ließ, was denen wichtig war.

Die Kassiererin

Was war das mal für ein schöner Mann, dachte sie sich, als er, wie jeden Morgen, kurz nach 8 an ihrer Kasse stand. Früher erschien er viel seltener, wenn dann aber wohl gekleidet, parfümiert und mit erlesenen Zutaten auf ihrem Band. Der gute Lachs, teure Weine, feine Stücken vom Lamm, wenn diese an der Theke zu haben waren. Was hätte sie damals gegeben, mit ihm mitgehen zu dürfen oder an seinem Tische zu sitzen. Manchmal war er auch mit seiner Frau und seinen Kindern dar, was sie aber nicht störte, so putzig, wie sie waren, immer höflich und adrett gekleidet. Es gab Tage, da war sie nur für ihn aufgestanden, sich frisiert und Oberteile getragen hat, die sich eigentlich nicht schickten. Die Hoffnung, ihn zu sehen, ließ die Zeit vergehen, nicht ohne daran zu denken, was wäre, wenn die

Dinge anders in ihren Leben verlaufen wären.

Jetzt aber, wenn er den Laden betrat, sah sie seine Unsicherheit und den Verfall und auch, dass ihm, selbst im Winter, der Schweiß an den Koteletten herunterlief. Er hatte immer ein Pfefferminz im Mund, trug alberne Hüte und einen roten Schal, schlich mehr durch den Laden, als dass er lief, und kaufte immer dasselbe. Einen Sechserpack vom billigsten Bier und eine Flasche trockenen Rotwein, unter 2 Euro. Wenn sie beim Bezahlen auf seine Hände schaute, sah sie, dass er jetzt wohl eine Katze haben müsse. Er scheint einsam zu sein.

Der Arzt

Er hatte die Auswahl zwischen den drei großen Studiengängen, entschied sich jedoch rasch dafür, Arzt zu werden. Bereits in jungen Jahren war er sich sicher, als Architekt oder Anwalt nur selten berufsbedingt nackte Frauen zu Gesicht zu bekommen, erst recht, wenn man nur als Mediziner in schöner Regelmäßigkeit junge Leiber begrapschen konnte.

Seine erste Station im Berufsleben führte den Arzt in eine Klinik, wobei er rasch bemerkte, dass er den Anblick von kranken Menschen nur schwer ertragen konnte. Er gewöhnte sich schnell daran, Patienten so zu betrachten, dass er über deren Verformungen und widerliche Wunden hinwegsah und sich vorstellte, wie die Patienten wohl gesund ausgesehen haben könnten. Da er die Behandlung von Männern und Knaben generell ablehnte, weil er das als Zumutung empfand, schloss er sich der gynäkologischen Station im Krankenhaus an, was ihm tatsächlich für einige Zeit Abwechslung und Befriedigung verschaffte.

Noch vor seinem 30. Geburtstag mehrten sich die Beschwerden über ihn, auch Schwerstern im Krankenhaus hatte er verführt, die erforderlichen Abtreibungen, das ließ er sich nicht nehmen, führte er selbst durch, obwohl er wusste, dass nach derartigen Eingriffen, ein vertrauensvolles und harmonisches Miteinander bei der Arbeit unmöglich geworden war. Zudem hatte sich in den Jahren herausgestellt, dass er gerne selbst entscheiden wollte, welche Frauen er nackt sehen wollte und ihn sein Beruf quasi dazu zwang, alle Frauen nackt betrachten zu müssen, obwohl er das manchmal verabscheute und ihm der Appetit für schönere Exemplare verdorben wurde.

Er blieb daher konsequent, zog aufs Land und eröffnete dort in einer überschaubaren Gemeinde eine Hausarztpraxis. Er wusste von den Erzählungen älterer Kollegen, dass in diesen Fällen irgendwann jede Frau aus der näheren Umgebung bei ihm erscheinen müsste und man ihn, auf dem Lande, tun lassen würde, was er wollte und konnte.

Außerdem hatte sich im Laufe der Zeit bei ihm das Interesse herausgebildet, dass er, wenn er eine Mutter betatschte, auch den Drang nach deren Töchtern verspürte. So betrieb er praktisch Feldstudien darüber, wie sich die Vaginen innerhalb einer Familie unterschieden oder entwickelten. Auch studierte er ernsthaft die Veränderungen der Fotzen durch ständig wechselnde Geschlechtspartner und war sich sicher, dass im Laufe des Lebens, die Vagina, mehr und mehr an Glanz verlor, wozu auch er seinen Beitrag leistete.

Man kann nicht sagen, dass der Arzt nicht glücklich war. Auch die Frauen, die er verführte, hatten ihren Gefallen an ihm, verstand er sich doch als Meister der Kunst, Frauen sich dem hingeben zu lassen, was ihnen bis dahin scheinbar unbekannt oder noch niemals angetragen wurde.

Eines Tages, sein Haar war bereits ergraut, kündigte sich eine neue Patientin an, nicht älter als 20, das war ihm für den ersten Besuch recht wichtig. Weil sie aus der Stadt aufs Dorf gezogen war, spürte er eine größere Herausforderung als sonst, wollte aber nicht von seinen bewährtem Konzept abweichen. Dieses bestand darin, Frauen, die ihm gefielen, dazu zu bewegen, sich selbst vor ihm zu entkleiden, da das für eine Untersuchung vorteilhafter wäre. Er selbst hatte im Laufe der Zeit festgestellt, dass es - nach wie vor - für Frauen ein besonderer erotischer Akt war, sich vor einem unbekannten, als Autorität ausgewiesenen Mann vollständig zu entkleiden und diesem Unbekannten, einen Blick auf die Scham zu gewähren, die sonst nur der Liebste zu sehen bekam. Solange die Frauen noch einen Slip trugen, konnte er beobachten, wie regelmäßig im Intimbereich Feuchtigkeit angesammelt wurde und die dadurch aufkeimende Geilheit der Patientinnen wegen des Durchsickerns der Nässe und des Hinterlassens einer Verfärbung auf der

Oberfläche des Slips enttarnt wurde. Sobald die Frauen bemerkten, dass man ihnen ansah, dass sie von dem Arztbesuch erregt waren, ließen diese sich von ihm auch regelmäßig berühren, ohne Weiteres bereit, seinen Penis anzufassen, in den Mund zu nehmen, sich von ihm vollspritzen oder sich seinen Schwanz in Arsch und Muschi stecken zu lassen.

Die neue Patientin, von Beruf Pflegekraft, war eigentlich gar nicht sein Typ. Sie war recht verwachsen, mit viel zu großen Händen. Er gefiel ihr von Beginn an, sie mochte sein schönes Gesicht und die kleinen Hände, mit denen man mit Sicherheit etwas anstellen konnte. Auch bemerkte sie sofort, dass sein Penis bei ihrem Betreten leicht anschwoll, was ihr zu beobachten möglich war, und der Arzt, wie gewöhnlich, eine weiße Leinenhose trug.

Sie selbst, nur leicht erkältet, gewährte ihm einen Blick auf ihre Brüste, während er sie mit dem Stethoskop abhörte. Ihre Nippel waren härter als sonst, das wusste sie. Auch bemerkte sie, dass sie feucht und geil wurde, nachdem er intensiv ihre Brüste betrachtet hatte.

Obwohl es ihr schwerfiel, und er es versuchte, ließ sie ihn seine Finger nicht zwischen ihre Beine gleiten, fand sie es aufregender, dass er sich nach ihrem Besuch den Schwanz auf ihren Anblick wichste, was er dann tatsächlich, wie von ihr beabsichtigt, tat.

So zog sich das zwischen den beiden noch über seine letzten Jahre hin. Sie kam mindestens einmal im Monat in seine Praxis, ernsthaft krank war sie nie. Auch später in seiner Wohnung, als er längst nicht mehr praktizierte, hatte er, das Interesse an den Frauen verlierend, bald nur noch sie.

Als er, alt und dement im Sterbehospiz lag, ohne Familie, die nach ihm sah, war sie seine Pflegerin. Die Erinnerungen an sie, ihm nicht mehr bekannt. Als er nicht mal mehr alleine scheißen konnte, führte sie ihren Finger in seinen Arsch, er entlud ein letztes Mal und verstarb.

Der Sexshop

„Ich hätte gern den größten Dildo, den Sie in Ihrem Sortiment führen."

„Mit Verlaub", erwiderte die Verkäuferin, während sie die schmalen Hüften der Kundin musterte, „das kann ich Ihnen nicht empfehlen, Sie könnten sich verletzen."

„Sie kennen wohl meinen Ex-Mann nicht", erwiderte sie entrüstet, holte eine Fotografie aus ihrem Portemonnaie und zeigte es der Verkäuferin. „Wie Sie wünschen", die Verkäuferin zog die Augenbraue noch oben, ging ins Lager und übergab ihr an der Kasse einen Karton, der ihr er selbst bis zur Hüfte reichte.

Der Slip

Wenn man ehrlich war, haben sich beide um die Geschäftsreise bemüht. Bislang war es nicht mehr als ein verstecktes Schwärmen und Seufzen, was wohl auch dem Umstand geschuldet war, dass beide liiert und sie seine Vorgesetzte war. Nichtsdestotrotz hatten sich die Blicke der beiden in der letzten Zeit häufiger als es die Umstände gebieten, gekreuzt, und auch sonst hat der eine die Nähe des Anderen gesucht. Auch gab es noch kein Getuschel im Büro, beide gingen nämlich sehr diskret mit ihrem Verlangen um, dennoch schwebte über den beiden die Art von sexueller Spannung, wie man sie sonst nur bei jungen Leuten kennt.

Besagte Geschäftsreise führte die beiden in eine Großstadt, der Ausflug sollte mehrere Tage dauern. Durch das Sekretariat wurden ansprechende Zimmer reserviert, erfreulicherweise zwei Einzelzimmer in derselben Etage. Hätte er nicht geraucht, hätte man wahrscheinlich sogar benachbarte Zimmer erhalten.

Da sie in der Firma für die wesentlichen Entscheidungen verantwortlich war, kam es ihr hinsichtlich der Romanze nur schwer in den Sinn, den ersten Schritt zu machen und sich der gewünschten Begierde hinzugeben. Auch er zierte sich sehr, war er doch geplagt von Komplexen und auch sonst von ihrer Autorität stark eingenommen. Da sie jedoch ein vollkommen belangloses Eheleben führte, war sie von beiden diejenige, die zumindest einen Plan zur Forcierung der Beziehung entwickelte und zur Umsetzung bereiter war als er.

Wohl wissend, dass sie im Beisein von ihm eine starke Erregung verspürte und in Kenntnis der Tatsache, dass diese Erregung ganz erhebliche Spuren in ihren getragenen Slips hinterließ, wollte sie ihn auf eine besondere Probe stellen. Dazu musste sie ihn in ihr Zimmer locken und dann das Zimmer unter einem Vorwand einige Minuten verlassen. Vorher sollte ein von ihr getragener Slip so im Zimmer ausgelegt werden, dass sie sich die Position merken und sodann nach Wiederbetreten des Zimmers feststellen konnte, ob der Slip von ihm aufgenommen oder sonst wie verwendet wurde. Idealerweise, und gerade diese Vorstellung erregte sie noch mehr, sollte er an dem Slip riechen, mit der Folge, dass sein Verlangen nach ihr noch größer wird und die Beziehung zwischen den beiden einen erheblichen Impuls erhielte. Im allerbesten Falle, und diese Vorstellung brachte sie regelmäßig zum Höhepunkt, sollte er, während er den Slip in der Hand hielt und daran roch, seinen Schwanz wichsen und auf den Geruch ihrer Fotze abspritzen. Zwar war sie bei Weiten kein besonders sexualisiertes Gemüt, noch nicht mal sonderlich attraktiv oder sonst wie interessant, doch wusste sie wenigstens so viel, dass der Geruch ihrer Fotze intensiv war und zumindest der Theorie nach einen Mann interessiert machen konnte.

Nachdem bereits 2 trostlose Tage ins Land gegangen waren, die die beiden mit geschäftlichen Terminen und belanglosen Gesprächen verbracht hatten (eine Ausnahme bestand lediglich an einem Abend, an dem sie das hoteleigene Schwimmbad aufsuchte und er sie kurz in dem vom Hotel zur Verfügung gestellten Badeanzug im Ruheraum erblickte und sie glaubte - was der Wahrheit entsprach - dass er ihr in den Schritt geschaut hatte und sie unendlich froh darüber war, dass sie sich vorher die Scham rasiert hatte, um hässliche Dellen im dünnen Stoff des Badeanzugs zu vermeiden. Die vollständige Rasur des Intimbereichs hatte sie schon immer beabsichtigt, jedoch empfand ihr Ehemann, dass ihre inneren Lippen, die ein wenig zu sehr aus ihr herausragten, einen ästhetischen Bruch in der Gesamtbetrachtung ihres Körpers vermittelten und von daher ein nackter Intimbereich für sie unpässlich wäre).

Am dritten Abend, den Tag über hatte man eine Werksbesichtigung überstanden, trug sie einen besonders vorteilhaften Slip, wie sie fand, verbunden mit dem tiefen Wunsch, den Plan in die Tat umzusetzen. Wichtig war ihr, dass der Slip aus schwarz gefärbter Baumwolle bestand und im Intimbereich eine Verstärkung des Materials aufwies. Da sie sich den ganzen Tag seinen wichsenden Schwanz vorstellte, sollte die Erregung dazu führen, dass besonders viel ihres Sekretes in den Innenbereich des Slips gelangte und dort gut sichtbar, aufgenommen werden konnte. Sie war davon überzeugt, dass die Baumwolle gut geeignet war, den von ihr verströmten Geruch fest zu bündeln und in seiner Nase vorteilhaft abzusondern.

Zu später Stunde bestellte sie ihn unter einem geschäftlichen Vorwand auf ihr Zimmer. Vorher zog sie ihre getragenen Sachen aus (sie trug in der Regel Kostüme) und legte diese, insbesondere aber den warm-feucht getragenen Slip, scheinbar chaotisch und unstrukturiert auf ihr Bett. Den Slip platzierte sie so, dass der Innenbereich, der bereits weiße Flecken ihres Sekretes aufwies, ohne größere Umstände und aus jedem Bereich des Zimmers zu sehen war und die Aufmerksamkeit jedes geneigten Beobachters auf sich ziehen musste. Da sie im Kopf immer noch sehr schnell war, speicherte sie die konkrete Lage aller Dinge bei deren Verteilung ab. Sobald er das Zimmer betrat, wollte sie ein wichtiges Telefonat vortäuschen und rasch in einem Bademantel das Zimmer verlassen und so den Eindruck vermitteln, dass sie gerade erst geduscht, sich in der Zeit vertan, noch nicht mit dem Besuch gerechnet und daher keine weiteren Maßnahmen zur Verhinderung der Kenntnisnahme höchstpersönlicher Gegenstände getroffen hatte.

Tatsächlich erschien er pünktlich an ihrer Türe. Nachdem sie für 15 Minuten verschwand, (die Zeitangabe hatte sie ausdrücklich wiederholt) hatte er nun ausreichend Gelegenheit, das Hotelzimmer zu begutachten. In seiner Naivität fiel ihm zuerst auf, dass ihr Zimmer viel komfortabler und auch sonst viel größer und luxuriöser erschien, als sein eigenes. Erst auf den zweiten Blick bemerkte er die - scheinbar zufällige - Unordnung im Zimmer und noch ein wenig später, den arrangierten Slip. Er, durchaus und insbesondere in seiner Jugend am weiblichen Geschlecht interessiert, war sofort erregt. Er beschloss, dass dieser Glücksfall keine andere Reaktion zuließe, als den Slip näher zu untersuchen und versuchte abzuschätzen, wie viel Zeit wohl bis zum Auffinden des Slips vergangen sei. Minuten verstrichen mit der Überlegung, ob er den Slip berühren und aufnehmen oder ob er auf dem Bett liegend, an dem Slip, ohne diesen zu berühren, riechen sollte, um so jegliche Veränderung an der Ausrichtung zu verhindern. In der Abwägung seiner Gedanken entschied er, dass die Spuren, für den Fall, dass er sich aufs Bett legen sollte und dabei an dem Slip röche, möglicherweise durch Faltenbildung in der Decke größer wären, als wenn er den Slip mit den Händen aufnimmt und daran riechen würde. Er konnte sich nämlich nicht vorstellen, dass er nicht in der Lage wäre, den Slip ungefähr so zurückzulegen, wie er ihn vorgefunden hatte und dass ihr irgendeine Veränderung auffallen könnte. Noch während er den Slip berührte, spürte er sofort, dass dieser besonders schwer und klamm, möglicherweise noch körperwarm und gerade erst getragen war. Zuerst konnte er sich nicht vorstellen, dass die Schwere des Slips einzig von ihrem Fotzensaft herrührte. Nachdem er die weißlich schimmernden Flecken jedoch klar identifizierte, führte er den Slip rasch an seine Nase und inhalierte ohne Bedenken mehrere Male. Der Geruch, den er wahrnahm, übertraf alle seine Erwartungen. So konnte er sich erinnern, dass seine erste Freundin ähnlich gerochen hatte. Obwohl sein Schwanz schon beim Betrachten und ersten Riechen so hart wurde, dass eine Steigerung nicht zu erwarten war, spürte er nunmehr den tiefen Drang, sofort zu onanieren. Nicht 1

Sekunde wäre es ihm in den Sinn gekommen, den Geruch in seinem Kopf abzuspeichern, in Ruhe zu analysieren und in seine Bestandteile zu zerlegen und dann in aller Ruhe, möglicherweise auf seinem Zimmer, auf den Geruch abzuwichsen. Der durch den Geruch ausgelöste Impuls war so stark, dass es nur jetzt und nur mit dem Slip direkt an seiner Nase passieren durfte.

Er schätzte, dass er noch mindestens 5 Minuten Zeit hatte, bis sie in das Zimmer zurückkehrte und wollte zumindest so vorsichtig sein, dass er mit dem Slip im Bad verschwand, dort abwichste und sämtliche Spuren vernichten konnte. Im Bad, mit hastig verschlossener Tür, setzte er sich auf den geschlossenen Toilettensitz und hielt mit der linken Hand den Slip unter seine Nase, mit der rechten Hand seinen Schwanz und spritze sofort ab. Sein Sperma, welches reichlich floss, schleuderte mit Gewalt an die gefliese Wand, weniger davon in seine Hand und noch sehr viel auf den Boden. Ein paar

Sekunden Zeit gab er sich zum Genießen, dann, mit Scham und Panik in ihm aufsteigend, ergriff er das nächstbeste Handbuch, wischte sich die Hand, Fliesen und Boden sauber und war froh, dass der Slip nichts von seiner Fontäne abbekommen hat. Das Handbuch warf er auf den Boden, in der Sicherheit, dass sie, wie es in Hotels üblich ist, selbst davon ausging, es zum Zwecke der Abholung zur Reinigung dahin getan zu haben.

Den Slip legte er hastig aufs Bett zurück, jedoch nicht ohne nochmals einen tiefen Zug ihres Aromas zu inhalieren und sich zu vergewissern, dass alles im Zimmer so aussah, wie er es aufgefunden hat. In der Vorstellung, dass sie ihm seine Tat ansehen könnte, verließ er umgehend das Hotelzimmer, froh darüber, sie auf dem Flur nicht anzutreffen und verschwand auf seinem Zimmer. Dort angekommen zündete er sich eine Zigarette an, bereute das Rauchen jedoch sofort, da der beißende Qualm der Zigarette ihm in die Nase stieg und er befürchtete, das süßliche

Aroma ihrer Fotze für immer zu verlieren. Er löschte die Zigarette, obwohl er kaum mehr als 2 Züge genommen hatte, ging duschen und onanierte ein zweites Mal. Zu seiner Verwunderung dauerte auch dieser Vorgang nur wenige Sekunden, die Befriedigung war wohl - für seine Verhältnisse - auch diesmal ungemein groß.

Nachdem er sich gesammelt hatte, schickte er ihr über sein Mobiltelefon eine Nachricht, dass er selbst eine dringende Angelegenheit zu erledigen hätte und später nochmals zu der vereinbarten Besprechung eintreffen würde.

Sie wiederum sagte den Termin umgehend ab und verschob die Besprechung auf den nächsten Tag. Er befürchtete das Schlimmste, beruhigte sich jedoch mit der Vorstellung, dass sie keine Ahnung von dem Vorfall haben konnte und er auch sonst alle Spuren beseitigt hatte.

Tatsächlich fand sie, ihrer peniblen Vorbereitung sei Dank, in dem Zimmer den Zustand vor, den sie sich erhofft hatte, noch in der Tür stehend die Gewissheit habend, dass der Slip verrückt worden war. Auch das benutzte Handbuch war ihr nicht entgangen, hatte sie das Glück, dass die von ihm hinterlassenen Spuren noch frisch und nachvollziehbar im Handtuch vorhanden waren.

So ergab es sich dann auch, dass sie den Abend dahingehend nutzte, sich mit beiden Händen ungewöhnlich hart und rau zu befriedigen und dabei das mit Sperma durchtränkte Handtuch auf ihr Gesicht zu legen, es zu küssen und daran zu lecken.

Der Taxifahrer

Der Taxifahrer war sehr arm, hatte er die Angewohnheit, alle weiblichen Gäste nach der Fahrt zu fragen, ob der TaxO-Meter nicht auf null gestellt werden könne, wenn man ihm dafür eine kleine Gefälligkeit erwiese.

Da er für seinen Beruf sehr ansehnlich war, sagte die Hälfte der Frauen zu. Da ein weiteres Viertel ihm das Angebot selbst ungefragt unterbreitete, kam er gerade so über die Runden.

Der Vampir

Weihwasser, Knoblauch, Kruzifix, Pfählung, Silberkugeln, Tageslicht. Er hat es überlebt.

Er starb, keine 30 Jahre alt, an Aids.

Die Beichte

„Herr, vergib mir, denn ich habe gesündigt."

„So sprich, mein Kind."

„Vater, ich hatte gestern Verkehr mit einem Mann, der nicht mein Ehemann war."

„Wo, mein Kind?"

„Im Po."

„Ich schenke dir Verzeihung und Frieden. Ich spreche dich los von all deinen Sünden. Im Namen des Vaters, des Sohnes und des Heiligen Geistes."

Die Feier

Am Wochenende war er mit seiner Frau zum großen, runden Geburtstag des Schwiegervaters eingeladen. Weil die Anreise schon Freitag erfolgen sollte und beide unterschiedliche Arbeitsstellen hatten, beschlossen sie, dass jeder für sich anreiste.

Auf der Fahrt dachte er viel an seine Frau. Beide waren jetzt Mitte 30 und schon beinahe eine Ewigkeit verheiratet. Kaum ein Tag verging, an dem man sich nicht darüber unterhielt, ob es nicht langsam Zeit für ein Kind wäre. Man hatte sogar in dem Haus, das man baute, die Situation berücksichtigt, es war Platz für viele.

Auf dem Anwesen fuhr er zu früh vor. Er hatte noch Zeit, sich umzusehen und fand sie schon in der Küche, womit er nicht gerechnet hatte. Sie bemerkte sein Eintreten, sie war allein, und schnitt

Blumen aus dem Garten, die sie zu großen Sträußen band. Sie drehte sich nicht um, sondern wartete, bis er zu ihr ging, hinter hier stehend ihre Haare aus dem Nacken strich und ihren Hals küsste. Sie ließ den Kopf nach hinten fallen, ihre Brüste pressten von vorne an ihr Kleid. Er griff ihr über die Schultern fassend in den Ausschnitt, ließ die Finger über ihre Warzen streicheln, was sie ihm mit einem zarten Stöhnen dankte. Langsam presste sie ihren Po an seinen Schritt und massierte mit den Backen rhythmisch seinen Schwanz. Kurz bevor er kam, öffnete er seine Hose und schob seinen Schwanz in ihre Fotze und entlud sich, während er sie fest, am Rücken und Hals packend, nach vorne drückte.

Als er seinen Schwanz aus ihr rauszog und sein Sperma ihre Schenkel herabfloss, fragte sie: „Wann kommt meine Schwester?" „Zum Abendessen denke ich." Sie schaute aus dem Küchenfenster in den Garten. „Dann gehe noch die Kinder begrüßen. Sie haben dich lange nicht gesehen."

Die geteilte Frau

Weil seine Beziehung schon lange eingeschlafen war und seine Frau am Abend immer zum Sport ging, beschloss er, im örtlichen Pärchenklub vorbeizuschauen und zu sichten, ob das was für ihn wäre. In der Zeitung hatte er gelesen, dass an diesem Tage auch „Single-Männer" aufgenommen wurden, für einen Bordellbesuch fehlte ihm der Mut und Anstand.

Er zahlte am Eingang wenig Geld für den Eintritt zu einer „Herrenüberschussparty", schlüpfte in einen bereitgestellten Bademantel und ging auf Erkundung, noch unentschlossen, wie der Abend für ihn verlaufen sollte. Der Klub war angenehm ausgestattet, fast peinlich sauber und er fühlte sich nicht unwohl. Auch waren viele Herren, teilweise in Begleitung von Damen, anwesend, die allesamt einen guten Eindruck machten und er sich, wie er zunächst befürchtete, nicht wegen seiner hohen Stellung schämen musste.

Nachdem er die Räumlichkeiten alle abgeschritten hatte und das, was er sah, gefiel, blieb sein Interesse auf eine Box in der hintersten Ecke der unteren Etage gerichtet (die oberste Etage war den Pärchen vorbehalten), die von einer Vielzahl von Männern aufgesucht wurde. Er betrachtete interessiert das Treiben mit einigem Abstand und erkannte in der Box eine Frau, die dort völlig entblößt eingeschlossen war und sich zum Objekt der Begierde machte.

„Keine Sorge, die Frau da drinnen kann Sie nicht sehen. Verspiegelte Fenster. Sie können ruhig näher treten", sprach ihn der Besitzer des Etablissements an, der ihn bereits am Empfang höflich begrüßt hatte und schon eine Weile neben ihm stand. Er trat vorsichtig heran und erkannte, dass die Box nicht größer war als er selbst und noch weniger breit und von allen Seiten in Sichthöhe mit schmalen Fenstern versehen war. Die Box war im Inneren mit einem

Latexbezug bespannt, der rot leuchtete und durch mehrere Lampen, die an den Ecken der Kiste befestigt waren, grell ausgeleuchtet wurde. In die Box waren unter den Fenstern zahlreiche Öffnungen eingefügt, die an allen Seiten, in unterschiedlichen Größen und scheinbar willkürlich, eingefräst worden waren. Die Löcher waren an den Rundungen gepolstert und nie größer, als das geradeso ein Arm hindurchgepasst hätte. Um die Box herum standen circa 2 Dutzend Männer, die entweder wichsend an den Fenstern, oder ihre Schwänze durch die Öffnungen steckend, stöhnend in das Innere starrten. Die Frau, die sich in der Box befand und die man durch die Fenster genau begutachten konnte, war nicht sonderlich attraktiv, hatte aber einen schönen, weiblichen Körper und einen gewissen Reiz. Wegen der Größe der Box war es möglich, dass die Frau an einem Ende, wie er schätzte, gerade in den Arsch gefickt wurde, und gleichzeitig nach vorne gebeugt, mehrere Schwänze blasen konnte, die ihr durch die Öffnungen in den Wänden entgegengehalten wurden.

„Seit den 10 Jahren, in denen ich den Klub besitze, und wir die Überschusspartys eingeführt haben, hat die Frau noch keinen Abend verpasst. Jeden Mittwoch kommt sie pünktlich, immer um 7 Uhr abends, zieht sich sofort nackt aus und begibt sich direkt in die Kammer. Noch nie hat sie mit jemandem ein Wort gewechselt, auch nicht mit mir, obwohl ich sie jeden Abend empfangen habe und ich sie, was sie wahrscheinlich noch nicht einmal weiß, Hunderte Male durch jedes Loch in jedes Loch gefickt habe. Jeden Abend bläst, schluckt und fickt die Frau, als gebe es keinen Morgen mehr." Der Besitzer klopfte dem Mann auf die Schulter, „Ich sage Ihnen, wegen solcher Frauen, mache ich das alles hier", und zeigte dabei zufrieden in alle Richtungen. „Kommen Sie, für das erste Mal ist das genau das Richtige für Sie. Stellen Sie sich einfach dazu, sie hat noch keinen Schwanz abgewiesen. Lassen

Sie sich einen blasen oder ficken Sie sie mal in den Arsch. Viele Männer kommen nur deswegen her, weil Sie zuhause da nicht ran dürfen und hier einfach ihren Schwanz in ein Loch stecken und nen Arschfick bekommen. Sie stehen doch auf ´nen Arschfick? Machen nicht alle Weiber hier", grunzte er und wichste sich schon den Schwanz, als wäre es das Normalste auf der Welt. Weil er nicht antwortete, gab der Besitzer ihm noch einen Klaps und reihte sich hinter 2 Männern ein, die das Gleiche wir er vorhatten oder bereits taten.

Er beobachtete das Treiben noch ein Weilchen, wobei er die Frau genau musterte und ganz dicht mit seinem Gesicht an die Scheibe rückte, sodass seine und ihre Augen nicht eine Handlänge voneinander entfernt waren. Er sah, wie sie zuckte, wenn ein Schwanz von hinten in sie andrang und sie nicht mal darauf achtete, dass die Männer zwischendurch gewechselt hatten. Wenn sie einen Schwanz blies, tat sie das sehr gewissenhaft und schien geschickt darauf zu achten, dass ihr die Männer nicht nur ins Gesicht wichsten, sondern von ihr genug Sperma geschluckt werden konnte. Immer wenn sich einer der Männer in ihrem Mund ergoss, schien sie erleichtert und glücklich zu sein, wie beim erfolgreichen Abschuss bei einer Treibjagd. Wenn Männer von hinten in ihr gekommen waren, zeigte sie überhaupt keine äußere Reaktion und er konnte wirklich nicht sagen, ob sie dabei tatsächlich Spaß hatte, erst recht konnte er nicht erkennen, ob sie selbst einen Orgasmus oder sonstige Befriedigung verspürte. In ihren Augen sah er dann nur Leere und Gleichgültigkeit.

Als er genug gesehen hatte, nicht sicher, ob er wiederkommen würde, gab er dem Besitzer beim Gehen ein Zeichen, während dieser, im schnellen Rhythmus, schwitzend und mit gehobenem Damen wedelnd, die Frau noch in den Arsch fickte.

Als er zuhause angekommen war, legte er sich, früher als sonst ins Bett, wo ihm plötzlich schlecht wurde und er sich, ins Bad schleppend, heftig übergab.

Als seine Frau nach Hause kam und sie ihm im Vorbeigehen erzählte, dass sie ihre Kollegin, die er nicht kannte, beim Sport geschlagen habe, nahm er sich fest vor, sich in Zukunft wieder mehr um seine Frau zu kümmern.

Der Speckmann

Speckmann, Speckmann gar nicht dumm,
trieb sich oft am Strand herum.

Rieb sich gern mit Butter ein, Frau Dürr
gefiel`s und ließ ihn rein.

Die Mutter

Als sie beim Aufräumen in seinem Zimmer eine tote Nutte fand, war sie froh, dass er nicht schwul war.

Die Penishose

„Die Hose willst du doch nicht tatsächlich anziehen?!"

„Warum, was ist denn dein Problem damit?"

„Die ist peinlich."

„Wie kann eine Hose peinlich sein? Ist ´ne ganz normale graue Anzughose."

„Da kann man deinen Penis drin sehen" und drückte den Stoff in seinem Schritt fester zusammen. „Der Stoff ist viel zu dünn."

„Quatsch." und ging, um sich zu vergewissern, zum Spiegel.

„So lasse ich dich nicht aus dem Haus gehen. Damit wirst du doch nur ausgelacht."

Tatsächlich erkannte er im Spiegel in seinem Schritt eine kleine Beule. Ihm war das noch nie aufgefallen. Dabei gefiel ihm die Hose gut, da sie moderner geschnitten war als seine anderen Arbeitshosen.

„Und warum sollte mich jemand im Büro auslachen, nur weil man eine Beule erkennen kann, die man auch nur dann sehen kann, wenn man genau hinschaut?"

„Habe ich doch gesagt. Weil es peinlich ist, wenn man dein Schwänzchen sehen könnte."

„Schwänzchen?"

„Ja, weißt du doch, ist kein Riese, was du da unten hast."

„Erstens, weißt du ganz genau, dass er gar nicht so klein ist. Zweitens habe ich einen

Bluterpenis und der wächst erst dann, wenn ich geil werde. Drittens ...", da fiel sie ihm schon ins Wort,

„Ja, ja. Schon gut. Ich bin ja trotzdem mit dir zusammen."

„Trotzdem?"

„Na trotz deines ..."

"... peinlichen, kleinen Penis? Hast du dich unten rum mal genauer angeschaut? Deine Muschi würde auch keinen Schönheitspreis gewinnen."

„Dafür willst du aber ziemlich oft ran."

„Darum geht es nicht."

„Worum dann? Was stört den Herren auf einmal an meiner *Fotze*?"

„Deine Schamlippen hängen viel zu weit raus, alles ist ganz wabbelig und weich in dir drin und rasieren könntest du dich auch mal öfters."

„Du bist so ein Aschloch. Für meine Lippen kann ich nichts und übrigens hat sich auch noch nie einer beschwert. Und wenn es dir zu wabbelig ist, hast du mal drüber nachgedacht, ob es vielleicht daran liegt, dass dein Schwanz so winzig klein ist?"

„Wer soll so ein Loch schon ausfüllen können? King Kong?"

„Mein Ex konnte es. Und der konnte auch anständig ficken. Und wenn ich eine angeblich so hässliche Fotze hab, frage ich mich, warum du dann nach 3 Sekunden in mir abspritzt!?"

„Weil ich den ganzen Tag Pornos schaue und mir vorstelle ′ne andere zu ficken?"

„Kannst du in Zukunft auch."

„Und du geh doch zu deinem Dumm-Fickt-Gut-Ex zurück."

„Brauche ich nicht. Der fickt mich nämlich schon seit Jahren täglich im Büro."

„Und ich habe deine beste Freundin gevögelt. Als ihr besoffen von der Weihnachtsfeier nach Hause gekommen seid und du früh schlafen gegangen bist. In unserem Bett. Neben dir."

„Jedes Jahr, wenn wir mit den Mädels in den Urlaub fahren, blase ich jeden Typen, der mir einen ausgibt, den Schwanz. Mich kann jeder ficken, der ´nen Schwanz hat, der größer ist als deiner. Ich habe es auch schon mal mit 5 Typen gleichzeitig getrieben und jeder von denen durfte mich dabei in den Arsch ficken."

„Warst ja auch schon immer ´ne Schlampe," wurde aber plötzlich richtig geil auf sie, drückte ihren Oberkörper nach vorne, schlug ihre Beine auseinander, fickte sie von hinten erst in die Fotze, dann in ihren Arsch, wobei sie das erste Mal bei ihm kam und spritzte ihr am Ende unter lautem Stöhnen seinen Saft ins Gesicht.

Die Sachbearbeiterin

Weil er einen neuen Reisepass brauchte, und es eilig hatte, erschien er pünktlich um 8:00 Uhr auf dem Amt. Zu seiner Überraschung war die Sachbearbeiterin eine alte Bekannte.

"Hey, was machst du denn hier?"

„Na wonach sieht's denn aus", erwiderte sie fröhlich und drückte ihn herzlich. „Schön dich zu sehen. Wie lange ist das her? 5 Jahre?"

„Mindestens."

„Mal wieder mit der Kamera auf Reisen und brauchst auf den letzten Drücker Papiere, was?"

„Kennst mich doch."

„Noch zufrieden in der Branche?", fragte sie interessiert.

„Du weißt ja. Durch das Internet sind viele Aufträge weggeblieben. Statt Pornos in einer Fabrikhalle filme ich jetzt eben Affen im Urwald." Er wedelte mit seinem abgelaufenen Pass. Sie mussten beide laut lachen.

„Und du? Ich hätte nie geglaubt, dich mal hinter so einem Schreibtisch zu sehen, aber du scheinst ja ganz glücklich zu sein," wobei er auf ein Foto auf ihrem Tisch, mit Mann und Baby im Arm zeigte. „Ja, ich kann mich nicht beschweren."

„Damals warst du echt heftig drauf, fehlt dir das nicht?" und dachte an einen Film, in dem sie sich von drei Männern gleichzeitig in den Arsch ficken ließ. Sie hatte mit dieser Gruppenszene so ziemlich jeden Preis in der Branche abgeräumt, und auch er wurde für seine Leistung hinter der Kamera gefeiert. „Ach weißt du", sagte sie sichtlich zufrieden, „so sehr hat sich mein Leben auch nicht geändert. Gefickt werde ich ja immer noch", sagte sie, lachte und schaute sich in ihrem Büro um. „Und meinen Hunger nach Sex stille ich jetzt einfach nach Feierabend. Laufen einem doch ständig Typen über den Weg, die dich ohne Fragen zu stellen in irgendeiner Ecke bumsen. Und dann drehe ich nach der Arbeit auf den bekannten Park- und Rastplätzen noch so meine Runden. Da halte ich dann meinen Arsch aus dem Fenster und glaub mir, es findet sich immer einer, der seinen Schwanz rein steckt." Beide kicherten und es trat ein kurzer Moment der Stille ein.

„Ach so", er holte hastig seine Brieftasche aus dem Sakko, „das ist übrigens meine Tochter" und zeigte ihr eine Fotografie. „Ich glaube du hast sie damals auch schon mal gesehen. Jetzt geht sie in die Schule."

„Ganz der Vater."

„Ja, dass sagen alle."

Nachdem man dann noch eine Weile geplaudert, sie seine Unterlagen bearbeitet und man sich mit einer Umarmung verabschiedet hatte, rief sie ihm an der Tür zu: „Ach so, wenn du willst, kann ich dir noch schnell einen blasen?!", und öffnete den Mund, dass ihre Zunge zu sehen war. „Hab gleich noch einen Termin, aber trotzdem danke."

„Einen wichsen?"

„Geht wirklich nicht." (während er auf seine Uhr tippte) „Aber ich habe ja noch alle Mitschnitte von deinen Filmen." Er zwinkerte und machte mit der Hand eine kurze Auf- und Abbewegung. Sie freute sich sichtlich über das Kompliment.

Der Callboy

Weil sie mal wieder einsam und es ihr Geburtstag war, wünschte sie sich etwas Besonderes für den Abend. In der Zeitung fand sie eine Agentur, die sich auf die Vermittlung von Herren an anspruchsvolle Damen spezialisiert hatte. Am Telefon erklärte man ihr, dass sie einfach ihre Vorstellungen an den gewünschten Liebhaber äußern solle, der Computer würde dann den richtigen Partner für sie finden.

Die Größe war ihr egal, der Schwanz aber sollte ihm bis zum Knie hängen. Sie will gerne geleckt werden und mag es, wenn man es ihr im Stehen besorgt. Er darf ein großes Herz haben und bodenständig sein. Sie mag es, wenn er etwas Knabenhaftes hat. Er soll sie den Abend vergöttern und zu ihr aufschauen. Aber kein Ja-Sager, mehr Typ Dickschädel. Und kleine Hände, das ist ihr wichtig, wegen ihrer kleinen

Brüste. Eben ein Typ, wie aus dem Märchen. Die Dame am Telefon versicherte ihr, dass die Datenbank einen Treffer angezeigt habe und der Herr verfügbar war.

Den Zwerg, den man ihr schickte, bezahlte sie in großen Scheinen.

Die Schlampe

Als er in die Bar trat, fiel ihm sofort eine betrunkene Schlampe auf, die unbeholfen in der Ecke Billard spielte, und selbst denen, die es nicht sehen wollten, Titten und Arsch zeigte.

Er war sofort interessiert und nahm sie gleich zu sich nach Hause.

Er musste ihr nicht viel erklären, schon an der Wohnungstür begann sie damit, ihm einen zu blasen.

Nachdem er sie überall rein gefickt hatte, und sie immer noch nicht gekommen war (was ihn verwunderte und leicht kränkte), wollte er wissen, ob er etwas falsch mit ihr angestellt hätte. Sie erzählte ihm, dass sie nur dann zum Höhepunkt gelangen könne, wenn sie einen Schwanz vorne und einen hinten in sich drin stecken habe. Wenn sie dann, voll beladen, noch einen dritten

Schwanz blasen dürfte, wäre ihr Glück vollkommen.

Da er über einen großen Bekanntenkreis verfügte, waren zwei Freunde schnell herbeitelefoniert. Zu seinem Überraschen brachten diese jeweils aber auch noch zwei weitere Bekannte mit, die es sich nicht nehmen lassen wollten, beim Verkehr mit der Schlampe mitzumachen. Als die 5 bereits über die zur Verfügung stehenden Ressourcen zu streiten begonnen, machte die Schlampe einen Vorschlag zur Güte. Jeweils drei Männer dürften sie in Arsch, Fotze und Mund ficken. Den übrig gebliebenen Männern würde sie mit ihren Händen den Schwanz wichsen. Um Gerechtigkeit herzustellen, würde die jeweilige Position nach 5 Minuten zu wechseln sein.

Man tat, wie von ihr aufgetragen und man kann sagen, sie war danach sehr glücklich.

Die Schwangerschaft

Als er nach Hause kam, saß sie auf dem Küchenboden, heulte und war völlig aufgelöst.

„Ich bin schwanger", schrie sie, ohne dass er ihr antworten konnte.

„Wie?"

„Schwanger! Komme gerade vom Arzt."

„Aber du nimmst doch ..."

„Ja, nehme ich, aber du weißt doch wie ich bin."

„Seit wann?"

„Ungefähr zwei Wochen."

„Scheiße, die Party?"

„Kann schon sein."

„Ich kann`s nicht gewesen sein."

„Weiß ich."

„Oh Gott, wer dann?"

„Denke ich auch schon die ganze Zeit drüber nach."

„Weißt du noch, wer in dir abgespritzt hat? Was ist mit dem großen Dünnen, den habe ich bei dir gesehen?"

„Nein, der ist in meinem Arsch gekommen."

„Und der andere, sein Kumpel?"

„Ist in meinem Mund gekommen, während mich der Dünne in den Arsch gefickt hat."

„Und der Kleine, was ist mit dem? Der hat dich doch auch die ganze Zeit gefickt, oder?!"

„Nein, er ist danach zu der Dunkelhaarigen."

„Sicher? Woher willst du das wissen?"

„Als ich sie geleckt habe, ist seine Wichse aus ihr rausgelaufen. Reicht dir das?"

„Okay. Dann anders, wen können wir denn ausschließen?

„Den Schwarzen. Der hat alle nur in den Arsch gefickt. Und der Fette, der ist gleich zum Anfang beim Blasen gekommen."

„Sind wir schon mal einen Schritt weiter."

„Der Sportler, dem hast du doch einen geblasen, oder?"

„Ja, den können wir auch ausschließen. Und der Typ, den du aus dem Büro kennst?

„Der hat mich nur ganz kurz gefickt, und ist dann zu dir zum abspritzen."

„Habe ich gar nicht mitbekommen."

„Warst wohl zu sehr mit dem Schwanz vom Sportler beschäftigt."

„Bleibt nur noch der Mann von der Blonden und der Betrunkene - der, der zum Schluss kam."

„Habe ich mir auch schon überlegt. Also gefickt haben mich beide. Ich bin mir aber relativ sicher, dass einer von beiden mir in den Mund gespritzt hat. Ich glaube der Mann von der Blonden."

„Und der Betrunkene?"

„Warte, ist der nicht mit dem Schwarzen und der Fetten los?"

„Ja, stimmt."

„Bloß gut, der hätte mich auch vollspritzen können, der hatte nämlich ´nen richtig geilen Schwanz."

„Na dann ist doch alles klar, oder?"

„Hoffe ich. Muss dann wohl der Abend vor der Party gewesen sein."

Der Trinker

Weil er aufgehört hatte, zu arbeiten und täglich 1-2 Flaschen Wein trank und sein Umfeld sich Sorgen um ihn machte, beschloss er sich beraten zu lassen. Frau Doktor, die er aufsuchte und der er seine Probleme erzählte, fand ihn gleich sympathisch und schlug vor, dass er sich neue Freunde suchen sollte.

Das Mitarbeitergespräch

„Frau …, Sie wissen, warum Sie heute hier sitzen?"

„Ja", völlig verheult und schluchzend.

„Wir wollen, dass Sie wissen," (von der Personalabteilung saßen ihr 5 Herren gegenüber) „dass wir auf Ihrer Seite sind. Denjenigen, der die kompromittierenden Bilder von Ihnen, jedenfalls hoffen wir, dass es Ihr Ex-Freund war, in das Firmenintranet gestellt hat, haben wir sofort und außerordentlich gekündigt. Wir haben auch umgehend alle Mitarbeiter aufgefordert, die besagten Bilder zu löschen und eine weitere Verbreitung zu unterlassen".

„Das ist alles so schrecklich. Am liebsten würde ich sterben. Ich

kann hier nie wieder arbeiten."
(immer noch völlig aufgelöst)

„Frau …, wir haben Sie heute zu uns bestellt, um Ihnen unser vollstes Vertrauen auszusprechen und Ihnen anzubieten …" (wird unterbrochen)

„Ich will hier nur noch weg. Können Sie sich vorstellen, wie ich mich fühle? Jeder hat die Bilder doch hier gesehen. Das ist wie eine Vergewaltigung. Wenn ich das gewusst hätte. Die waren für meinen damaligen Freund als Liebesbeweis gedacht, und nur für den. Jetzt haben es alle gesehen. Alle! Ich bin doch hier nur noch die allerletzte Schlampe!" (völlig hysterisch)

„Noch mal. Wir wissen um Ihre Sorgen. Wir von der Personalabteilung sind aber heute angetreten, um Ihnen eine Beförderung in Aussicht zu stellen." (wird unterbrochen)

„Als Firmenschlampe?"
(schluchzend)

„Nein, natürlich nicht. Im Übrigen hält Sie hier niemand für eine Schlampe. Im Gegenteil." (Ein anderer Herr übernimmt das Wort) „Frau …, wir haben alle diese Bilder gesehen. Die Bilder sind Teil Ihrer Privatsphäre, das geht niemanden etwas an. Und wir erlauben uns den Hinweis, dass die Bilder doch eine gewisse Ästhetik ausstrahlen, ja sogar einen künstlerischen Anspruch beinhalten und Sie …" (wird unterbrochen)

„Was, wie ich den Arsch von meinem Freund lecke? Er mir ins Gesicht pisst, seinen Schwanz in meinen Arsch steckt und mir auf meine Titten wichst?"

„Frau …," (eine weiterer Herr meldet sich) „allein der Umstand, dass die Bilder in schwarz-weiß veröffentlicht wurden und wirklich, ja wirklich sinnlich zeigen, ich will nur mal die eine Nahaufnahme erwähnen, wie Sie mit der Zunge sein … „ (wird unterbrochen)

„Die Bilderserie hat ein befreundeter Fotograf gemacht." (weniger aufgelöst)

„Frenulum lecken." (ein weiterer Herr spricht weiter) „Das alles ist doch nichts Verwerfliches. Wir schätzen Sie sehr. Wir glauben, dass die Bilder für private Zwecke bestimmt waren und zur Selbstbefriedigung des Betrachters vorgesehen waren. Oder?"

(nickt)

„Und nun? Da die gesamte Belegschaft die Bilder gesehen hat? Wir können keinen Schaden für Sie oder die Firma erkennen. Statt einem Glücklichen, der auf die Bilder onaniert, machen es eben Viele. Das Ziel der Fotografien wurde erreicht." (ein anderer Herr unterbricht) „Übertroffen sogar. Stellen Sie sich doch einfach vor,

Sie hätten Ihrem Freund einen Kuchen gebacken. Dieser ist aber schon nach einem Stück satt und gibt die restlichen Teile weiter, von denen noch andere satt werden." (ein anderer Herr führt fort) „Das hat auch unsere Umfrage ergeben, die wir anonymisiert unter den Mitarbeitern erhoben haben. Von 10 Männern, die die Bilder gesehen haben, haben 9 unverzüglich onaniert. Alle befragten Männer stehen in festen Beziehungen. Von den 9 Männern gaben 8 an, dass sie auch schon vorher, ohne Kenntnisnahme von den Bildern, auf Sie onaniert haben. Selbst 7 von 10 Frauen, die wir befragt haben, gaben an, dass Sie vom Anblick der Bilder erregt waren und Ähnliches entweder selbst schon gemacht oder sich zumindest gewünscht haben zu tun oder mit sich machen lassen würden. Und wir von der Personalabteilung können Ihnen versichern, dass wir alle, unversehens nach Kenntnisnahme der Bilder onaniert haben und alle von uns, mich eingeschlossen, bereits nach dem Einstellungsgespräch mit Ihnen, falls Sie sich noch erinnern können, auf Sie gewichst haben, einer sogar während des Gespräches." (zustimmendes Gegrummel) „Und wie ich bereits erwähnt habe, war das schon vor der Veröffentlichung der Bilder mit der Wichserei auf Sie so üblich.

„Wirklich?"

„Ohne Zweifel. Wir können Ihnen die Umfrage gerne aushändigen".

„Und ich dachte schon …" (wird unterbrochen)

„Lassen Sie uns über unser Angebot reden. Was halten Sie davon, zukünftig gemeinsam mit uns, die Personalabteilung zu führen?"

„Ich weiß nicht, bin ich dafür denn ausreichend qualifiziert?"

„Sind Sie." (Alle Herren nickten übereinstimmend). „Reisen Sie gerne?"

„Ja, natürlich. Wer macht das nicht?"

„Schon Morgen fliegen 2 Herren aus dieser Abteilung nach Italien zu wichtigen Verhandlungen. Und man würde sich freuen, wenn Sie die Herren bei den schwierigen Verhandlungen unterstützen könnten." (ein anderer Herr ergreift das Wort) „Und ich muss übernächste Woche für einige Tage nach London. Ich bin mir sicher, dass Sie mir unter die Arme greifen könnten." (ein weiter Herr) „Und Sie würden das Dreifache Ihres bisherigen Gehaltes bekommen."

„Und die Mitarbeiterinnen, die hinter meinem Rücken über mich lästern, die könnte ich … (wird unterbrochen)

„… nach Ihrem Ermessen fristlos kündigen. Wir stehen bedingungslos hinter Ihnen."

„Und die Bilder werden alle gelöscht?"

„Ganz sicher." (wie aus einem Chor)

Das Piercing

Er hatte eine beste Freundin, von der ihm der Anblick ihrer Muschi bisher verwehrt wurde. Befreundet war er mit ihr seit vielen Jahren, man fuhr zu zweit in den Urlaub, und machte auch sonst alles gemeinsam, aber noch nie hatte sich für ihn die Gelegenheit ergeben, einen Blick auf ihre Fotze zu werfen, wonach er sich aber sehr sehnte. Von Beginn an hatte er sich Gedanken darüber gemacht, wie sie unten herum wohl aussehen würde, festlegen konnte er sich allerdings nicht. Er schätzte, dass die Größe ihres Kitzler klein bis mittelgroß war, wegen ihrer relativ hellen Augenbrauen, ging er von rosa Fleisch im Inneren und winzigen hellroten Lippen im Äußeren aus. Zwar wusste er, was sie ihm erzählte, dass sie sich regelmäßig die Fotze rasierte und von den vielen Männern, die sie nebenher besaß, scheinbar keiner Einwände gegen ihre

Vagina erhob, aber hatte er, wenn sie bei ihm übernachtete, in ihren Slips eine Verformung erkannt, der er, neben seinen Begehrlichkeiten ihr gegenüber, gerne auf den Grund gehen wollte.

Er beschloss daher, dass es Zeit wäre, dass sich seine beste Freundin piercen ließe. Da ihr Berufsleben ein Piercing im Gesicht nicht zuließ und auch ihre Brustwarzen, wie er wusste, nach dem Stillen der Kinder sehr empfindlich waren, kam nur ein Piercing der Muschi in Betracht. Sie stand dem Vorschlag sehr aufgeschlossen gegenüber, hatte sie doch selbst schon vor Jahren darüber nachgedacht, sich an dieser Stelle verschönern zu lassen. Er bot an, sie zu begleiten, was sie dankend annahm, wusste sie doch, dass er in Schmucksachen einen ausgezeichneten Geschmack besaß. Selbst die Auswahl ihres Eheringes hatte sie ihm überlassen, wohl wissend, dass er eine Entscheidung traf, die ihr zusagen würde.

In dem Tattoo-Studio, welches er für sie ausgesucht hatte und in dem gewohnheitsgemäß auch das Piercen des Intimbereiches angeboten wurde, schlug er vor, einen Ring zu wählen, der durch ihren Kitzler geschlagen würde und von einer gewissen Schlichtheit war. Sie sagte zu und er versprach, während des Vorgangs ihre Hand zu halten und nach dem Rechten zu sehen. Sie hatte überhaupt keine Bedenken davor, dass er sie nackt sehen könnte, ahnte sie doch, dass die Erektionen, die er regelmäßig hatte, wenn sie bei ihm schlief, dem Gedanken an Ärsche geschuldet war.

Als sie dann dort vor ihm mit gespreizten Beinen lag und der Tätowierer zur Tat schritt, speicherte er ihren Anblick ganz genau ab, obwohl er nur wenige Sekunden zwischen ihre Beine schaute.

In seiner Erinnerung erkannte er sehr dunkel gefärbte Schamlippen, die überhaupt nicht zu ihren blonden Haaren passten, sehr weit aus ihr herausragten und ungewöhnlich unsymmetrisch angeordnet waren. Der Kitzler war, zu seiner Verwunderung, über Gebühr groß und ragte, was er so noch nie gesehen hatte, aus den inneren Schamlippen weit hervor. Es kam ihm vor, als wenn der Kitzler ihn angrinsen könnte, wenn man nur ein Gesicht drauf malen würde, und überlegte sich, was wohl wäre, wenn der Kitzler durch Erregung anschwellen würde, mit der realistischen Befürchtung, dass sich dieser dann zu einem kleinen Penis verformen könnte. Zudem schienen Vagina und Anus durch stark ausgeprägte Vernarbungen miteinander verbunden zu sein, sodass ein ästhetischer Übergang nicht erkennbar war und, wenn man genau hinschaute, sich des Eindrucks nicht erwehren konnte, dass Anus und Schamlippen einen hässlichen Klumpen aus verformtem, schwarzem Fleisch schufen.

Nachdem er, mit bestem Willen und größter Anstrengung, nicht mehr auf sie wichsen konnte, beschloss er, dass es Zeit war, mal wieder etwas alleine zu unternehmen.

Das Milchmädchen

Im Krämerladen

Er: (flüsternd) "Sie schlucken wohl gerne Sperma?"
Sie: (errötend) "Also bitte"
Er: (ruhig) "Sie haben doch gezuckerte Kondensmilch in ihrem Körbchen."
Sie: (besserwisserisch) "Das kann man doch überhaupt nicht vergleichen."
Er: (schadenfroh) "Erwischt!"
Sie: (Das Gesicht tiefrot, schaut verlegen auf den Boden, Flecken am Hals kommen zum Vorschein)
Er: (erhaben) "Bei mir schmeckt es wie gezuckerte Kondensmilch!"
Sie: (forsch) "Das glaube ich nicht!"
Er: (ruhig) "Wetten?"
Sie: (Pupillen erweitern sich) "Und was wenn nicht?"
Er: (ehrlich) "Dann dürfen Sie es wieder ausspucken."

Sie: (entrüstet) "Wie soll ich es denn richtig schmecken, wenn ich es gleich wieder ausspucke?"
Er: (sachlich) "Nun gut. Wenn ich gewinne, bekomme ich ein Kuss. Wenn ich verliere, dann nehmen sie mich zum Mann!"
Sie: (musternd) - "Abgemacht"

Die Schwester

Was niemand wissen konnte, war die Tatsache, dass sie ihren Mann, lieber nicht mit ihrer Schwester hätte allein lassen sollen.

Sie war mit ihm schon seit Kindertagen ein Paar, glücklich und zufrieden. Man ging durch Kindergarten, Schule, Studium und Beruf, nannte 3 Kinder sein Eigen und wohnte standesgemäß. Dennoch ergab vor vielen Jahren der Zufall einen Umstand, der bis heute nachwirken sollte und der Beziehung unseres Traumpaares ein abruptes Ende bescherte.

Als unser Paar, damals beide ungefähr 17 Jahre alt, wie gewöhnlich beschloss, den gemeinsamen Verkehr im Elternhaus von ihr auszuüben (man tat dies schon, seit man dazu in der Lage war), war wie immer auch die kleine Schwester daheim. Die Schwester, zart und noch etwas rundlich, malte gern und war auch sonst sehr friedlich. Ihr Alter sah man ihr an, kam sie wohl 3 Jahre nach ihr auf die Welt.

Für ihn hatte diese Nacht die Besonderheit, dass er sie das erste Mal im Arsch verwöhnen durfte. Sonst fickte man sich allabendlich die junge Seele raus (noch früher auch morgendlich), der nächste Schritt in der Beziehung war daher angemessen. Die Unbedarftheit der beiden hatte jedoch zur Folge, dass sie bei ihm Spuren hinterließ, die es danach zu entfernen galt. Da die Erektion von ihm noch einige Zeit anhielt, musste der steife Schwanz ins Bad befördert und diskret gereinigt werden. Da saß nun aber – für diese Zeit äußerst ungewöhnlich – die kleine Schwester auf dem Klosett und versuchte unbeholfen die Spuren der aufkommenden Weiblichkeit zu bremsen. Die Schwester erblickte mit aufgerissenen Augen den – zugegebenermaßen – prächtig entwickelten Schwanz, während 2 Finger in ihrer geöffneten Fotze steckten. Der Anblick seines Schwanzes in

Verbindung mit den Fingern in ihr löste dieses Kribbeln aus, welches sie immer auch dann hatte, wenn sie die beiden durch ein Glas an der Wand beim Ficken belauschte. Einige Sekunden vergingen, bevor sie langsam die Finger aus ihrer Fotze zog, dabei den Kitzler halb versehentlich streifte und sofort entlud. Dieser Vorgang war sehr ungewöhnlich, rieb sie sich doch sonst beim Belauschen der beiden immer stark am Kitzler, doch nichts – wie hier Vergleichbares – geschah.

Er bekam von dem ersten Erguss der Schwester nichts mit, drehte sich in der Folge rasch zur Seite, wohl eher aus Verlegenheit wegen der Indiskretion an seinem Schwanz. Die Schwester bemerkte den Fauxpas nicht, verließ wortlos den Raum, allerdings nicht ohne vorher die Spuren ihres Ergusses zu beseitigen und beim Gehen aus dem Augenwinkel nochmals einen Blick auf seinen Prügel zu riskieren. Er war leicht irritiert, aber noch zu erregt und vergaß den Vorfall rasch.

Die Schwester allerdings ging mit diesem Vorfall ganz anders um. Kein Tag verging ohne feuchte Gedanken an ihn. So wurde jede ihrer neuerlichen Spielereinen an sich ein Déjà-vu von seinem Schwanz und ihrem Kitzler. Auch als die Jahre ins Land zogen und sie vieles mit sich machen lassen hat, war es doch immer dieser eine Anblick, der sie abspritzen ließ.

Es muss ein großes Fest gewesen sein, da die Schwester zu Besuch bei den Eltern war. Und mit ihr unser Paar. Sie, müde, genervt und leicht angetrunken, ging früh zu Bett. Die Schwester und er, gesellig, blieben wach. Ob er sich noch erinnern könne? Die Situation nachzustellen, war schnell arrangiert. Da saß sie nun, mit offen Schenkeln, doch diesmal fehlte ihm die Indiskretion.

Die Vernehmung

„Gestehen Sie doch endlich", schrie der Kommissar den Verdächtigen an. „Die Beweise sind erdrückend, die Schlinge zieht sich zu. Diesmal gehen Sie für 10 Jahre in den Bau!"

„Wenn es so wäre, müsstest Du nicht so laut brüllen. Hat mir meine Mutter schon erklärt." erwiderte er gelangweilt. „Ich will meinen Anwalt sprechen. Von mir erfahren Sie nichts."

Der Kommissar sprang wutentbrannt auf. „Ich hole jetzt einen Kollegen." „Den Guten?" „Witzbold!" und verließ wild fluchend das Zimmer.

Nach einer Stunde öffnete sich die Tür und eine junge Kriminalbeamtin, in Zivil und adrettem Hosenanzug, betrat das Vernehmungszimmer. Er schmunzelte.

„Sie sind ein gewalttätiges Vergewaltigerschwein", sagte sie ganz ruhig, drehte den Stuhl herum und setzte sich, die Arme über die Lehne stützend, vor ihn. „Schade, dass Sie keinen Rock tragen", erwiderte er, während er zwischen ihre Beine schaute. „Ihnen wird vorgeworfen, eine 18- jährige Discobekanntschaft durch Alkohol gefügig, dann diese mit auf ihr Hotelzimmer genommen zu haben und im Anschluss – gegen ihren Willen – Beischlaf gehabt und die Frau körperlich misshandelt zu haben. Danach haben Sie das Mädchen, wie ein Stück Müll, vor einem Krankenhaus abgelegt. Mit anderen Worten. Sie haben es mal richtig krachen lassen."

„Na Sie scheinen die Akte ja gut zu kennen", erwiderte er.

„Ich finde das überhaupt nicht witzig. Ich komme gerade aus dem Krankenhaus und habe mit dem armen Ding gesprochen. Keine schöne Situation, das können Sie mir glauben. Aber sie kommt durch."

„Interessiert mich nen Scheiß, was Sie mir erzählen."

„Jetzt mal ganz im Ernst", sagte sie noch ruhiger als zuvor. „Sie sind ein attraktiver Mann. Das haben sie doch gar nicht nötig." Er lehnte sich lässig im Stuhl zurück. „Sie müssen sehr ehrgeizig sein, oder? Ihr erster Fall dieser Art?"

„Wissen sie eigentlich, dass Sie dem Mädchen im Vorfeld in der Disco ausgesprochen gut gefallen haben? Sie hat mir vorhin erzählt, dass sie Sie sehr anziehend, sogar erregend fand. Und wenn ich Sie so ansehe, kann ich das Mädel durchaus verstehen. Warum musste es so enden?" Er ahnte, worauf es hinauslaufen würde.

„Sie haben sich doch schon im Klub geküsst, oder?" Er schaute sie stumm an. „Im Taxi hat sie Ihnen noch einen geblasen, freiwillig, das hat sie mir erzählt. Sie sollen einen ausgesprochen großen, dicken und ungewöhnlich geraden Schwanz haben, stimmt das?"

„Möglich."

Sie merkte, dass er anbiss. „Wie groß ist er? 22, 23 cm oder noch mehr?"

„25 cm und 7 cm dick."

„Mit so einem Prachtschwanz könnten Sie doch Geld fürs Ficken nehmen. Die Frauen würden Schlange stehen."

„Mag sein." Er schaute sich im Raum um.

„Keine Sorge. Hier schaut oder hört uns niemand zu. Wir sind alleine." Sie spürte, dass er geil wurde.

„Ich kriege doch heute sowieso nichts mehr aus Ihnen raus. Sie sitzen ja nicht zum ersten Mal hier. Wir warten jetzt einfach, bis ihr Anwalt kommt, der rät Ihnen zu schweigen, das war es für uns. Der Rest geht dann nur noch den Staatsanwalt und Ermittlungsrichter was an. Die müssen entscheiden, ob es für eine Anklage reicht."

„Wie Sie meinen." Beide schauten sich in die Augen. Minuten vergingen.

„Jetzt mal unter uns," ergriff sie die Initiative, „wie haben Sie es geschafft, dass das Mädchen, während sie Ihren Schwanz im Auto geblasen hat, einen Orgasmus bekommen hat? Ich kann mir das nicht vorstellen, so rein technisch gesehen."

„Soll vorkommen."

„Ich stehe auch total auf fette Schwänze, aber hier …", zeigte dabei zur Tür, „findet man das nicht."

„Wollen Sie ihn mal sehen?"

„Ja. Gerne." Sie schwitzte leicht auf der Stirn, war aber zufrieden mit dem Verlauf der Vernehmung. „Wenn Sie mir ihre Fotze zeigen, mache ich es." Sie zuckte leicht. Wenn das der Preis ist, dann zahle ich ihn, dachte sie sich. Sie stand still auf, schob den Stuhl beiseite, öffnete ihre Hose und zog diese, gemeinsam mit dem Slip, in einem Zug herunter.

Sie stand aufrecht vor ihm. Ihre Schambehaarung war zu einem kleinen, schmalen Streifen rasiert.

„So kann ich nicht viel sehen. Ziehen Sie mal die Hose ganz aus, damit Sie die Beine spreizen können. Ich will reingucken können," und rieb sich dabei schon den Schwanz in der Hose. Sie tat pflichtbewusst, was er sagte, setzte sich auf den Vernehmungstisch und ließ ihn tief in sich hineinschauen, sogar ihre Schamlippen ließ sie ihn spreizen. Er holte ohne Umwege seinen Schwanz heraus, den er sofort vor ihrem Gesicht unter lautem Stöhnen wichste. Der Schwanz war groß, aber nicht größer als 20 cm.

„Das ist der mit Abstand geilste Schwanz, den ich jemals gesehen habe", und rieb sich dabei die Muschi, die tatsächlich feucht wurde. „Ich will ´nen Foto von

Deinem Schwanz für meine Freundin machen, das glaubt die mir nie."

„Kannst ein Bild mit Deinem Handy machen, wie ich Dir ins Gesicht wichse."

Fotobeweis, DNA-Probe und Beförderung gingen ihr durch den Kopf, als er ihr auf die Augen, Stirn, Wangen, Mund und Hals spritzte.

Als sie sich anzog, klopfte es leise an der Tür.

„Moment!", rief sie und wischte sich mit den Ärmeln noch sorgsam sein Sperma aus dem Gesicht, ohne auch nur einen Tropfen auf den Boden kleckern zu lassen.

Sie ging zur Tür, ein Kollege stand vor ihr. „Was machen Sie denn hier drin," und flüsterte ihr ins Ohr. „Der Trickbetrüger ist mein Fall, Ihr Vergewaltiger sitzt nebenan und wartet schon eine Weile auf Sie."

Der Abschiedsbrief

Hallo mein Held,

weil man mit Dir ja nicht mehr vernünftig reden kann und ich in der Presse nach unserer Trennung nur Lügengeschichten lesen musste, will ich mit diesem Brief einiges klarstellen und die Sache zwischen uns endgültig abschließen.

Zunächst einmal will ich Dir sagen, dass ich Dich wirklich geliebt habe. Als wir uns vor 2 Jahren auf dem Oktoberfest kennengelernt haben, ging alles ziemlich schnell. Das weiß ich. Ich bin Hals über Kopf zu Dir gezogen, Du hattest mit Deinem Fußball soviel um die Ohren und dann noch die Weltmeisterschaft. Ich hatte meine Model- und Fernsehjobs, zuletzt auch die Schmuckkollektion. Das war dann wohl zu viel für uns. Ich finde es nur traurig, dass Du mir von der Neuen nicht schon früher erzählt hast. Hübsch ist sie ja, das muss ich zugeben. Aber wir alle wissen, was sie eigentlich von Dir will (und ich hoffe, dass Deine wahren Freunde Dich mal endlich über diese Frau aufklären). Und ich will, dass Du weißt, dass ich immer fair zu Dir war. Wie auch immer. Jetzt fange ich schon wieder an zu heulen.

Danke für die schöne Zeit.

In Liebe,

Deine kleine Maus.

P.S. Anbei füge ich Dir meine Abschlussrechnung bei. Wie Du sehen wirst, fällt diese sehr nachsichtig aus und ich habe längst nicht alle Leistungen abgerechnet, die ich tatsächlich erbracht habe. Auch habe ich nur solche Tage berechnet, wo wir uns tatsächlich gesehen haben. Ich hoffe Du weißt das zu schätzen, dass das nicht üblich ist und ich auch für die Tage, an denen Du unterwegs warst, meinen Verdienstausfall hätte geltend machen können. Die Aufpreise für

Schlucken, Anal und ohne Gummi kennst Du ja und werden von der Agentur festgelegt.

Der letzte Akt

Wenn man sich, wie er, als letzten Ort auf Erden, auf der Sterbestation eines Krankenhauses befand, macht man sich so seine Gedanken. Er war nicht älter als 23, sein Studium noch nicht abgeschlossen. Als man bei ihm Krebs diagnostizierte und Heilung nicht in Sicht war, beschloss er, seine bisherigen Errungenschaften im Leben zu rekapitulieren und gegebenenfalls auszubauen. Schon als Kind hatte er sich vorgenommen, einen Roman zu schreiben. Wegen der ihm verabreichten Medikamente und kaum noch verbleibenden Zeit, war das nicht mehr möglich. Er wusste aber, dass er einen sehr großen Penis besaß, und sich von den 40-50 Frauen, die er innerhalb seines kurzen Lebens gefickt hatte, noch keine beschwert oder sonst wie wegen Misserfolg reklamiert hatte. Er kam daher zu dem Ergebnis, dass er bislang nur gut gefickt und sonst nichts weiter zustande gebracht hatte. Besonders wichtig war ihm festzustellen, dass er alle Frauen, mit denen er geschlafen, auch in den Arsch gefickt hatte. Aus den Erzählungen seiner Freunde wusste er aber, dass ein Arschfick etwas Besonderes war und in der Regel Frauen nur in Ausnahmefällen, den Arsch hinhielten. Dass er jede Frau, die er gefickt hatte, danach auch in den Arsch bumsen durfte, war daher etwas Einzigartiges, eine Lebensleistung. Als Krebspatient ahnte er, dass jetzt, da er bleich war und die Muskulatur stündlich abbaute, sein Ruhm, den er gewiss erzielt hatte, bald verblasste und er weitere Frauen benötigte, die nach seinem sicheren Ableben von ihm berichteten. So versuchte er, jeder Schwester, die ihn behandelte, zwischen die Beine zu fassen und auch sonst in jeder Situation seinen Schwanz, der noch prächtig funktionierte, zu präsentieren. So wichste er auf alles und jeden ab, neben den Schwestern im Krankenhaus, auch auf Mitpatientinnen und deren Verwandte, immer in der Hoffnung, eine würde ihren

Arsch schon hinhalten. An Kleidung trug er für gewöhnlich nichts Weiteres, als das Krankenhaushemd, wohl wissend, dass sich in diesem Nachtkleid sein Penis deutlich abzeichnete und daraus Begehrlichkeiten bei den anderen sterbenden Patienten entstanden. So ging er täglich seine Runden im Krankenhaus, immer in der Hoffnung, einen Fick abzugreifen und den Ruhm bisheriger Tage auszuweiten.

Wie der Zufall es so wollte, traf er eines Tages auf sie, die auf Station war - nicht etwa weil sie sterben musste - sondern weil sie seit mehreren Wochen nicht scheißen konnte. Beim Mittagessen hatte sie ihm erzählt, dass man alles bei ihr versucht hatte, jedoch ohne Erfolg. Die Scheiße wollte einfach nicht aus ihrem Arsch. Man gab ihr abführende Medikamente, nichts geschah. Eine Schwester steckte ihr ihren Finger in den Arsch, um diesen zu stimulieren, ohne Erfolg. Sie, hübsch wie keine andere auf der Station, konnte einfach nicht scheißen, was zur Folge hatte, dass sie in Kürze operiert werden sollte. Er wiederum erinnerte sich an einen Vorfall, den er mit 17 Jahren erlebt hatte. Damals brachte er seine Freundin beim Arschlecken, versehentlich, zum Scheißen, obwohl diese, es weder wollte, noch jemals beabsichtigt hatte, ihn vollzuscheißen. Entscheidend war nämlich die konzentrierte Stimulation des Arschlochs, nur so konnte es kommen, wie es kam. Er bot ihr daher an, einen Versuch bei ihr zu starten. Man verabredete sich nach dem Abendessen, er empfahl ihr, entgegen der ärztlichen Anweisungen, Kaffee und Zigaretten zu konsumieren. Als er in ihr Zimmer trat, war ihre Mitbewohnerin nicht zugegen, sodass man ungestört zu Werke gehen konnte. Er bat sie, sich auf allen Vieren hockend vor ihm zu postieren und das Arschloch direkt vor sein Gesicht zu halten. Er steckte seine Zunge in ihren Arsch und ließ die Zunge langsam im Anus kreisen. Wichtig war, dass durch die Kreisbewegungen seiner Zunge in ihrem Arsch, eine Entspannung der Muskulatur erzeugt wurde und sich das Arschloch mit jedem Umkreis weitete. Nach circa 20 Minuten, so genau wusste er es nicht mehr, hatte er ihr Arschloch so weit auseinander geleckt, dass es ohne weiteres Zutun offen stand und er in ihren rosaroten Darm blicken konnte. Er beschloss daher, von jeder Hand zwei Finger in ihren Arsch zu stecken und durch kreisende Bewegungen mit seiner Zunge das Loch noch weiter zu vergrößern, denn Scheiße war noch nicht in Sicht. Mittlerweile, sie entspannte sich total, hing ein Teil ihres Darmes aus dem Arsch, woran er genüsslich saugte. Diese Saugbewegung hatte endlich auch zur Folge, dass ihr Darm endlich den Anreiz zum Scheißen gab. Obwohl er noch niemals absichtlich angeschissen wurde, ließ er es zum Zwecke ihrer Heilung zu und leckte sie so lange, bis ein Riesenhaufen Scheiße aus ihrem weit geöffneten Arsch in seinem Mund landete. Zu seinem Entsetzen spritzte er dabei ab, obwohl er beim Lecken ihres Arsches noch nicht einmal eine Erektion verspürt hatte. Als er die Scheiße in seinem Mund spürte, spukte er diese zu seiner Überraschtheit nicht aus, sondern schluckte sie vollständig herunter. Während sie schiss, er konnte verständlicherweise nicht mit ihr reden, gab er ihr durch zarte Klopfer auf den Arsch zu verstehen, dass sie weitermachen durfte. So entlud sie sich vollkommen und befreiend in seinem Mund, ihr Leiden hatte ein Ende.

Nachdem sie fertig war, küsste sie ihn auf die Lippen und wollte dadurch wohl zeigen, dass der Geschmack ihrer Scheiße ihr wie ihm nicht unangenehm war. Er wischte sich die Wichse von seinem Bauch, die dort unkontrolliert gelandet war und verschwand auf sein Zimmer.

Einige Wochen später, sie wollte ihn besuchen, war dieser bereits verstorben. Sie schiss in sein leeres Bett, wichste sich dabei, küsste das Laken und ging, nachdem sie gekommen war.

Gastbeitrag

Mein Nachbar

Von Ilse Engel

Als 12- jährige hatte ich meinen ersten Orgasmus.

Es sollte an einem Nachmittag passieren. Unser Nachbar, der Frauenarzt, kam früher von der Arbeit nach Hause, als er es gewöhnlich tat. Ich wusste das, weil ich ihn öfters aus meinem Kinderzimmer heraus durch das geöffnete Fenster beobachtet habe.

Er war der einzige Frauenarzt in der Stadt, auch meine Mutter war, wie jede andere Frau im Ort, seine Patientin.

Er betrat sein Arbeitszimmer, hielt die Finger seiner rechten Hand an die Nase, setzte sich und öffnete mit der linken Hand seine weiße Arbeitshose.

Ich erkannte, dass sein Penis sehr groß und hart war und er diesen mit seiner linken Hand auf und ab bewegte, ohne dabei die rechte Hand von seiner Nase zu nehmen. Während er seinen Schwanz bearbeitete, lehnte er seinen Kopf zurück und schloss die Augen.

Während ich das Geschehene, völlig ahnungslos, aber interessiert zur Kenntnis nahm, wurde ich auffallend feucht im Schlüpfer.

Es kribbelte mich heftig da unten und ich hielt für einen Moment meine wachsende Schambehaarung für den Auslöser. Meine Regel hatte ich bereits einmal gehabt, diese hatte allerdings eher schmerzhafte Gefühle im Unterleib hervorgerufen und nichts Lustvolles wie jetzt gerade.

Dieses neue Gefühl war mir völlig fremd und ich konnte das Jucken nicht unterdrücken, sodass ich mich heftig an meinem Stuhl zu reiben begann. Obwohl ich mich schämte, während ich mich rieb, konnte ich meine Augen nicht von dem Nachbarfenster abwenden. Der Penis des Arztes hatte mein Interesse geweckt. Ich spürte, wie meine kleinen inneren Schamlippen anschwollen, was ich bis daher nicht kannte. Mein Kitzler wollte auf einmal berührt werden. Ich zog meine Hose aus und setzte mich mit nacktem Unterleib und gespreizten Beinen auf den lederbezogenen Schreibtischstuhl und presste diesen so fest wie möglich an mich heran. Ich wurde unglaublich nass und glitt mit einer Leichtigkeit über das Leder, dass mir jede Naht des Stuhles einen neuen Lustmoment bescherte. Immer schneller in Bewegung und nie den Penis aus den Augen verlierend, verspürte ich Lust, mich auf den alten Penis des Arztes zu setzen.

Völlig in Gedanken versunken, urinierte ich auf meinen Stuhl und zog erschrocken die Vorhänge am Fenster zu.

Heute bin ich in seine Sprechstunde geladen und ich weiß, dass es damals der heftigste Orgasmus war, den ich bis heute gehabt haben sollte.

Notizen

Notizen

Notizen

Notizen

Über den Autor

Mark Maker ist der letztgeborene Sohn einer Wirtshausfamilie.

Er begann auf Wunsch des Vaters eine Lehre zum Postkutschenpferdewechsler, wegen seiner panischen Angst vor Postkutschen, blieb ihm ein Abschluss verwehrt.

Er gilt seitdem als verschollen.